D1941581

STARK

KLAUSUREN

für Lehrkräfte

Geschichte

Gymnasium · Gesamtschule

NRW

Anja Brolle
Klaus-Michael Guse (Hrsg.)
Klaus Tervooren

STARK

Inhalt

Theorie

Praxis

Klausuren für die Einführungsphase

Klausuren für die Qualifizierungsphase 1

Klausuren für die Qualifizierungsphase 2

Autoren

Anja Brolle: Klausuren 1, 2, 3, 5, 7, 8, 9, 10, 11
Klaus-Michael Guse (Hrsg.): Theorie, Klausuren 12, 13
Klaus Tervooren: Klausuren 4, 6

Vorwort

Liebe Kollegin, lieber Kollege,

das Entwickeln von Klausuren im Fach Geschichte, vor allem die Suche nach geeigneten Quellen und Darstellungen, ist ausgesprochen zeit- und arbeitsaufwendig. Oft bleibt dafür im stressigen Schulalltag kaum Zeit. Dabei sollte eine Klausur im Idealfall bereits vollständig konzipiert sein, bevor der Unterricht dazu beginnt. Nur so ist eine konsequente Kompetenzorientierung wirklich zu gewährleisten. Aus diesem Grund möchten wir Ihnen im **ersten Teil** dieses Hefts mit einem **praktischen Leitfaden und vielen erprobten Tipps** das nötige Werkzeug für die Klausurerstellung in den drei Jahrgangsstufen der Sekundarstufe II an die Hand geben.

Im **zweiten Teil** des Hefts finden Sie konkrete und **aktuelle Klausurbeispiele**, passend zu den Inhaltsfeldern und Fokussierungen des Kernlehrplans. Drei Klausuren sind ausgerichtet auf das Anforderungsniveau der Einführungsphase, zehn weitere Klausuren können Sie in Ihrem Grund- oder Leistungskurs der Qualifikationsphase einsetzen.

Auch das Korrigieren von Klausuren beansprucht viel Zeit und ist für zahlreiche Kolleginnen und Kollegen die unbeliebteste Aufgabe im schulischen Alltag. Eine Hilfe bieten hier die punktgestützten **Erwartungshorizonte zu jeder Klausur**. Eine Vorlage für die Erstellung eigener Erwartungshorizonte können Sie im *Download-Bereich* schnell und einfach herunterladen.

Die **STARK Klausuren für Lehrkräfte** möchten Sie im Alltag beim professionellen **Planen und Konzipieren von Klausuren entlasten** und Ihren Schülerinnen und Schülern bessere Ergebnisse ermöglichen. Das Buch eignet sich auch, um ausgehend von konkreten Klausurbeispielen Kooperationsstrukturen und gemeinsame Standards innerhalb der Fachschaft Geschichte aufzubauen. In diesem Sinne kann es auch einen Beitrag zur Schulentwicklung leisten.

Die Autoren des Bandes und der Verlag wünschen Ihnen **viel Erfolg** beim Einsatz der Klausuren im Unterricht und bei der weiteren Klausurerstellung!

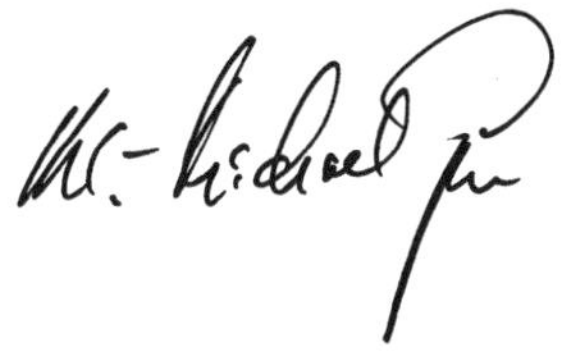

Klaus-Michael Guse (Herausgeber)

Info

Die **Erwartungshorizonte** zu sämtlichen Klausuren des Bandes finden Sie als **Schülerversion** (ohne didaktische Hinweise und ohne Angaben zur Orientierung bei der Bewertung) im *Download-Bereich* als Word-Dokumente. So können Sie diese einfach bearbeiten und individuell anpassen.

THEORIE

Auf den nächsten Seiten finden Sie Hinweise und Tipps zu den **schulrechtlichen Vorgaben**, die bei der Anfertigung von Klausuren in der Oberstufe zu beachten sind. Anschließend werden die „**Bauteile**" in den Blick genommen, aus denen eine Klausur im Fach Geschichte besteht. Danach werden Sie mit der Konstruktionsanleitung für den **Erwartungshorizont** vertraut gemacht, in welchem Sie die zu erwartenden Ergebnisse punktgestützt und gewichtet festlegen. Am Schluss folgt eine Zusammenfassung der wichtigsten Aspekte.

1 Schulrechtliche Vorgaben

1.1 Anzahl und Dauer der Klausuren in der Oberstufe

Da Geschichte in der Sek. I bis auf die Kurse der differenzierten Mittelstufe ein sogenanntes mündliches Fach ist, schreiben die Schülerinnen und Schüler (im Folgenden: Schüler) in der Oberstufe im Fach Geschichte zum ersten Mal Klausuren. Mit dem erst **allmählich steigenden Kompetenzniveau** nimmt die Bearbeitungsdauer schrittweise zu. Dementsprechend sollte die Länge und die Komplexität der zu bearbeitenden Materialien in der Einführungsphase (EF) geringer sein als in der Qualifikationsphase, ebenso das Anforderungsniveau. Es gilt, die **Schüler nach und nach an das Abschlussniveau im Zentralabitur heranzuführen**.

In Summe schreibt jeder Abiturient 9 bis 11 Klausuren vor dem Abitur. Ob in der Einführungsphase pro Halbjahr eine oder zwei Klausuren anzuberaumen sind, entscheidet die Fachschaft, nach Möglichkeit in Abstimmung mit dem Oberstufenkoordinator.

In der Qualifikationsphase wird nach Festlegung durch die Schule eine Klausur durch eine **Facharbeit** ersetzt; diese kann, muss aber nicht im Fach Geschichte geschrieben werden.

In der **Q 2** muss in den Abiturfächern **mindestens eine der Klausuren unter Abiturbedingungen** geschrieben werden, was u. a. bedeutet, dass Sie den Schülern ermöglichen müssen, zwischen mindestens zwei Klausuren auszuwählen. Beide Klausuren müssen sich dabei auf Unterrichtsthemen aus dem Kurshalbjahr beziehen, in dem die Klausur unter Abiturbedingungen geschrieben wird (1. oder 2. Halbjahr). Die zur Auswahl gestellten Klausuren müssen sich bezüglich der inhaltlichen Schwerpunkte und der ausgewählten Materialien deutlich unterscheiden. Es bietet sich daher an, die Klausur unter Abiturbedingungen bereits im ersten Halbjahr der Q 2 schreiben zu lassen, weil der Stofffumfang für das zweite Halbjahr recht begrenzt sein dürfte.

Anzahl und Dauer der Klausuren in der Oberstufe

		Anzahl	Dauer
EF	1. Halbjahr	1–2*	2 Unterrichtsstunden
	2. Halbjahr	1–2*	2 Unterrichtsstunden
Grundkurs	Q 1/1. Halbjahr	2	2–3 Unterrichtsstunden*
	Q 1/2. Halbjahr	2	2 Unterrichtsstunden
	Q 2/1. Halbjahr	2	3 Unterrichtsstunden
	Q 2/2. Halbjahr (wenn 3. Abiturfach)	1	3 Zeitstunden + 30 Min. Auswahlzeit
	Abitur		3 Zeitstunden + 30 Min. Auswahlzeit

Leistungskurs	Q 1/1. Halbjahr	2	3–4 Unterrichtsstunden*
	Q 1/2. Halbjahr	2	3–4 Unterrichtsstunden*
	Q 2/1. Halbjahr	2	4 ¼ Zeitstunden + 30 Min. Auswahlzeit
	Q 2/2. Halbjahr	1	4 ¼ Zeitstunden + 30 Min. Auswahlzeit
	Abitur		4 ¼ Zeitstunden + 30 Min. Auswahlzeit

* Entscheidung der Fachkonferenz

Quellen: BASS 13-32 Nr. 3.1/3.2 § 14; www.standardsicherung.schulministerium.nrw.de

Info

1. Die Schüler dürfen bei der Wahl zwischen mehreren Klausuren auch nach der Entscheidung für eine Klausur alle zur Auswahl stehenden Materialien behalten.
2. Hat ein Schüler sich bei der Wahl zwischen mehreren Klausuren schneller für eine Klausur entschieden, darf er bereits innerhalb der Auswahlzeit mit dem Arbeiten beginnen.

1.2 Die Inhaltsfelder des Kernlehrplans Sek. II

Von den insgesamt sieben **Inhaltsfeldern** müssen Sie laut Vorgabe des KLP Sek. II (Ministerium für Schule und Weiterbildung des Landes Nordrhein-Westfalen: Kernlehrplan Geschichte für die Sekundarstufe II Gymnasium/Gesamtschule in Nordrhein-Westfalen. Düsseldorf 2014) die ersten drei verbindlich im Jahr der Einführungsphase behandeln. Die Reihenfolge der übrigen vier Inhaltsfelder ist von Ihrer Fachkonferenz für die Q 1 bzw. Q 2 festzulegen. Es ist dabei möglich, die Inhaltsfelder, die nicht mit Unterrichtsthemen gleichzusetzen sind, zugunsten eines chronologischen Durchgangs aufzulösen. Allerdings ist darauf zu achten, dass alle inhaltlichen Schwerpunkte zu Unterrichtsgegenständen werden und die konkretisierten Kompetenzen auch erreicht werden.

Einführungsphase

Die Inhaltsfelder 1, 2 und 3 des Kernlehrplans Geschichte Sek. II müssen Sie in der Einführungsphase im Unterricht der beiden Kurshalbjahre behandeln. Die anschließend genannten **Hauptaspekte** (siehe rechte Tabellenspalte) werden in der **Unterrichtspraxis** am häufigsten gewählt; sie liefern mögliche Themen für Ihre Klausuren. Es handelt sich bei den genannten Hauptaspekten jedoch nur um Vorschläge zur Orientierung, die nicht alle berücksichtigt werden können/müssen.

Inhaltsfeld	Inhaltliche Schwerpunkte	Im Unterricht oft gewählte Hauptaspekte
1	**Erfahrungen mit Fremdsein in weltgeschichtlicher Perspektive** • Die Darstellung der Germanen in römischer Perspektive • Mittelalterliche Weltbilder in Asien und Europa • Was Reisende erzählen – Selbst- und Fremdbild in der frühen Neuzeit	• Caesar und Tacitus über die Germanen: antike Quellen analysieren • historische Forschung über die Germanen • Geschichte der Germanenbilder, z. B. Geschichte des Hermannsdenkmals • Mittelalterliche Weltkarten in Europa und Asien • Selbst- und Fremdbilder in Reiseberichten der Frühen Neuzeit

	• Fremdsein, Vielfalt und Integration – Migration am Beispiel des Ruhrgebiets im 19. und 20. Jahrhundert	• Arbeitsmigration im späten 19. und frühen 20. Jahrhundert am Beispiel der Ruhrpolen • Arbeitsmigration im 20. Jahrhundert: die Gastarbeiter
2	**Islamische Welt – christliche Welt: Begegnung zweier Kulturen in Mittelalter und früher Neuzeit** • Religion und Staat • Die Entwicklung von Wissenschaft und Kultur • Die Kreuzzüge • Das Osmanische Reich und „Europa" in der Frühen Neuzeit	• geistliche und weltliche Macht von Chlodwig bis zur Zeit der Kreuzzüge: der Kampf zwischen Papst und Kaiser • Religion und Herrschaft in der islamischen Welt vom Propheten Mohammed bis zur islamischen Expansion • Umgang mit Andersgläubigen in der islamischen Welt • Wissenschaft und Kultur in der islamischen Welt • die Kreuzzüge im Spiegel zeitgenössischer Quellen (multiperspektivisch) • Begründungen für Krieg und Gewalt (vom „gerechten Krieg" zum „heiligen Krieg") • Kreuzzüge in der Erinnerungskultur • Kulturkontakte und die Wahrnehmung des jeweils „anderen" • die Eroberung Konstantinopels 1453 • die Belagerung Wiens 1683 aus unterschiedlichen Perspektiven
3	**Menschenrechte in historischer Perspektive** • Ideengeschichtliche Wurzeln und Entwicklungsetappen • Durchsetzung der Menschenrechte am Beispiel der Französischen Revolution • Geltungsbereiche der Menschenrechte in Vergangenheit und Gegenwart	• theoretische Grundlagen der Menschenrechte in Antike, Mittelalter und Früher Neuzeit (von Cicero bis Giovanni Pico) • Staatstheorien im Zeitalter der europäischen Aufklärung (Bodin, Hobbes, Locke, Montesquieu, Rousseau) • England, das Mutterland des Parlamentarismus (Magna Charta 1215, Glorious Revolution, Bill of Rights) • Menschenrechte und Demokratie in den USA • die Französische Revolution • Menschenrechte in der Weltgesellschaft ab 1948

Qualifikationsphase

Die vier Inhaltsfelder 4 bis 7 müssen in der Qualifikationsphase behandelt werden. Sie bilden die Grundlage der Abiturprüfungen. Die Reihenfolge können Sie in Ihrer Fachschaft beschließen. Es ist möglich, die Inhaltsfelder aufzulösen und in einen chronologischen Durchgang durch die Geschichte zu integrieren. Dabei müssen die Fokussierungen (in der folgenden Tabelle **fettgedruckte** Punkte) zwingend Berücksichtigung finden.

Inhaltsfeld	Inhaltliche Schwerpunkte	Im Unterricht oft gewählte Hauptaspekte
4	**Die moderne Industriegesellschaft zwischen Fortschritt und Krise** • Die „Zweite Industrielle Revolution" und die Entstehung der modernen Massengesellschaft • Vom Hochimperialismus zum ersten „modernen" Krieg der Industriegesellschaft • Ursachen und Folgen der Weltwirtschaftskrise 1929	• der Durchbruch der Hochindustrialisierung in der zweiten Hälfte des 19. Jahrhunderts • **Veränderung der Lebenswirklichkeit der Arbeiter in den Bereichen Arbeit und soziale Sicherheit** • Urbanisierung, Verkehr, Kommunikation und Fortschrittsglaube • Ursachen und Grundzüge des Imperialismus • **Merkmale, Motive, Ziele, Funktionen und Formen des Imperialismus am Beispiel Afrikas** (Deutsch-Südwestafrika, Kongo, Ruanda, Südafrika) • die Julikrise 1914 • die „Modernität" des Ersten Weltkriegs an der Front und in der Heimat • Ursachen und Folgen der Weltwirtschaftskrise in Deutschland und in den USA im Vergleich (Vergleich der Lösungsansätze von Brüning und Roosevelt)
5	**Die Zeit des Nationalsozialismus – Voraussetzungen, Herrschaftsstrukturen, Nachwirkungen und Deutungen** • Politische und ideologische Voraussetzungen des Nationalsozialismus • Die Herrschaft des Nationalsozialismus in Deutschland und Europa • Vergangenheitspolitik und „Vergangenheitsbewältigung"	• die Krise der Weimarer Republik (Schwächen der Verfassung, Rolle der alten Eliten, das Krisenjahr 1923, Wähler und Wahlen, der Weg zum 30. Januar 1933) • Phasen der „Gleichschaltung" 1933/34 • die Ideologie des Nationalsozialismus (Führerprinzip, Lebensraum und Rassismus) • Herrschaftsstruktur und Gesellschaft im NS-Staat allgemein • **Motive und Formen der Unterstützung, der Anpassung und des Widerstands am Beispiel der Verschwörung des 20. Juli und an einem Beispiel der Jugendopposition** (z. B. der „Edelweißpiraten" oder der „Weißen Rose") • NS-Außenpolitik: Friedenspropaganda und aggressive Expansion • Der Zweite Weltkrieg: Vom „Blitzkrieg" zum Vernichtungskrieg • Judenverfolgung und Völkermord • Umgang mit dem Nationalsozialismus in den Besatzungszonen (Potsdamer Konferenz, Entnazifizierung)

6	**Nationalismus, Nationalstaat und deutsche Identität im 19. und 20. Jahrhundert** • Die „Deutsche Frage" im 19. Jahrhundert • „Volk" und „Nation" im Kaiserreich und im Nationalsozialismus • Nationale Identität unter den Bedingungen der Zweistaatlichkeit in Deutschland • Die Überwindung der deutschen Teilung in der friedlichen Revolution von 1989	• die Nation als Konstrukt • frühe Nationalbewegungen bis 1848 (Wartburgfest, Hambacher Fest) • Ziele und Ergebnis der Revolution von 1848/49 • 1862 bis 1871: die Reichsgründung „von oben" • der Wandel des Nationalismus im Kaiserreich • Stationen der deutschen Teilung im Kontext des Kalten Kriegs (die Entstehung zweier deutscher Staaten, Währungsreform und Berlin-Blockade, Das Fallbeispiel der Stalin-Note 1952, 17. Juni 1953, der Mauerbau, „Wandel durch Annäherung") • die Auflösung der DDR und der Fall der Mauer • der Weg zur deutschen Einheit • das nationale Selbstverständnis des vereinten Deutschland
7	**Friedensschlüsse und Ordnungen des Friedens in der Moderne** • Multilateraler Interessenausgleich nach dem Dreißigjährigen Krieg (nur LK) • Europäische Friedensordnung nach den Napoleonischen Kriegen • Internationale Friedensordnung nach dem Ersten Weltkrieg • Konflikte und Frieden nach dem Zweiten Weltkrieg	• die Idee vom Frieden und die Geschichte des Völkerrechts • multilateraler Interessenausgleich nach dem Dreißigjährigen Krieg: Der Westfälische Frieden (nur LK) • Frieden, Stabilität und alte Ordnung: Restauration und Legitimität als Leitprinzipien des Wiener Kongresses • Versailler Vertrag und Völkerbund: Warum scheiterte der Friedensvertrag von 1919? • vom Zweiten Weltkrieg zum Kalten Krieg • der Prozess der europäischen Integration als Friedensprojekt • Friedenssicherung durch die Vereinten Nationen

Die Fokussierungen für die Abiturprüfung

Die Fokussierungen (in den obigen Kästen fett gedruckt) sind Pflichtelemente und müssen behandelt werden.

Tipp Prüfen Sie zusammen mit den übrigen Mitgliedern der Fachschaft Geschichte am Ende der Sommerferien, ob sich bezüglich der Fokussierungen des in drei Jahren anstehenden Abiturs im Vergleich zu den beiden nächsten Abiturjahrgängen etwas ändert. Falls ja, müssen Sie dies für den betroffenen Jahrgang in Ihr schuleigenes Fachcurriculum integrieren und ggf. eine ältere Fokussierung dafür streichen.

2 Elemente einer Klausur im Fach Geschichte

Anders als in zahlreichen anderen Fächern wird im Fach Geschichte bei der Klausur kein Thema genannt. Im Abitur besteht die Klausur aus der Nennung des Aufgabentyps, der Auflistung der zugelassenen Hilfsmittel, der Aufgabenstellung, der Materialgrundlage sowie dem Bezug zum Kernlehrplan und zu den Abiturvorgaben. Ferner gibt es einen Bewertungsbogen, in dem kriteriengeleitet die von den Schülern zu erbringende Leistung aufgeführt und mit einer Punktzahl versehen ist. Es empfiehlt sich, von der ersten Klausur in der Einführungsphase an diese Elemente zu verwenden.

2.1 Aufgabentypen

Im Fach Geschichte gibt es zwei unterschiedliche Aufgabentypen:

- Beim **Aufgabentyp A** wird die Interpretation von sprachlichen oder nichtsprachlichen historischen Quellen erwartet.
- Beim **Aufgabentyp B** wird eine Analyse von Darstellungen und die kritische Auseinandersetzung mit ihnen erwartet.

Die beiden Aufgabentypen bilden zwei grundlegende historische Arbeitsweisen ab: Aufgabentyp A bezieht sich auf die **Konstruktion von Geschichte** und Aufgabentyp B auf die **Dekonstruktion** von historischen Narrationen. Das führt auch dazu, dass es zwar mehrere Quellen oder Darstellungstexte als Materialgrundlage geben darf, aber eine Mischung von Quellen und Darstellungstexten (also eine Mischung der Aufgabentypen) mit Blick auf das sichere methodische Arbeiten der Schüler nicht vorgesehen ist.

Tipp

Es ist sinnvoll, beim Aufgabentyp B Darstellungstexte aus dem Bereich der Geschichtskultur zu wählen. Es bieten sich etwa Zeitungsartikel an, die sich auf historische Themen beziehen (Beispiel: „Sollte Hitlers ‚Mein Kampf' öffentlich zugänglich sein?" oder „Musste der Frieden von Versailles zwangsläufig scheitern?"). Oft finden sich in überregionalen Zeitungen anlässlich von Jahrestagen entsprechende Artikel, vielfach gar zwei Artikel, die einen gegensätzlichen Standpunkt bei der Bewertung des Ereignisses vertreten. Gut geeignet sind ferner Ausschnitte aus Ausstellungskatalogen, Gedenkstättenbroschüren oder Begleitheften zu historischen Verfilmungen („Der Untergang", „Das Leben der Anderen"). Solche Darstellungstexte sind in der Regel plakativer und in ihrer Argumentationsweise einfacher als Texte aus dem wissenschaftlichen Kontext, also von Historikern. Für die meisten Schüler stellt es in der Regel schon eine Herausforderung dar, einen komplexen wissenschaftlichen Text exakt wiederzugeben. Umso schwieriger wird es dann für sie, dazu dezidiert Stellung zu beziehen.

2.2 Überprüfungsformen

Die Aufgabentypen beziehen sich auf sieben allgemeine schriftliche Überprüfungsformen, die im KLP aufgeführt und erläutert werden.

Überprüfungsform	Kurzbeschreibung
1. Ermittlung und Charakterisierung eines historischen Problems	Die Schülerinnen und Schüler identifizieren ein historisches Problem oder stellen eine Frage, die zu einem historischen Problem, einem historischen Sachverhalt oder Zusammenhang führt.
2. Kritische Analyse zur Erschließung einer Quelle	Die Schülerinnen und Schüler arbeiten an Quellen, d. h. sie rekonstruieren aus Quellen historische Sachverhalte und Problemstellungen, indem sie historische Zeugnisse quellenkritisch erschließen und dem gegebenen Material historische Information entnehmen. Sie unterscheiden unterschiedliche Quellenarten und -gattungen. Die quellenkritische Analyse ist Voraussetzung zur Erschließung einer Quelle und damit der erste Schritt bei deren Interpretation.
3. Analyse von Darstellungen	Die Schülerinnen und Schüler arbeiten an Deutungen von Geschichte. Sie analysieren Darstellungen, indem sie erschließen und darstellen, wie eine Autorin bzw. ein Autor historische Sachverhalte deutend darlegt.
4. Zusammenhängende Deutung von historischen Sachverhalten	Die Schülerinnen und Schüler entwickeln eigene Deutungen von Geschichte (eigene Narrationen) auf der Grundlage von Quellen und analysierten Darstellungen. Sie zeigen Intention(en) und Perspektive der jeweiligen Autorin bzw. des jeweiligen Autors auf, überprüfen die Schlüssigkeit der Aussagen und Argumentation, beurteilen die Textaussagen im größeren historischen Kontext und formulieren ggf. eine eigene Einschätzung (Sachurteil). Dabei stellen sie Verknüpfungen zu anderen historischen Zeugnissen her und ordnen das Beschriebene in einen umfassenderen Zusammenhang von Ursachen und Wirkungen ein.
5. Kriteriengeleitete Bewertung historischer Sachverhalte und Zusammenhänge	Die Schülerinnen und Schüler bewerten einen historischen Sachverhalt, indem sie die Legitimität von Intentionen und Handeln historischer Akteure nach zeitgenössischen und gegenwärtigen Wertmaßstäben darlegen, ihre Kriterien offenlegen und diese Urteile voneinander unterscheiden. Dabei wird reflektiert ein Bezug von Phänomenen aus der Vergangenheit zur eigenen Person oder Gegenwart hergestellt und so der eigene historische Standpunkt bestimmt.
6. Erörterung eines historischen Problems	Die Schülerinnen und Schüler erörtern ein historisches Problem, indem sie das Für und Wider argumentativ abwägen und auf dieser Grundlage eine Position entwickeln.
7. Erstellung von historischen Beiträgen verschiedener Art für die Nutzung im historischen Diskurs	Die Schülerinnen und Schüler stellen historische Sachverhalte im adäquaten Zusammenhang dar, indem sie diese mit fachspezifischen Begriffen, problemorientiert und in narrativer Triftigkeit fokussiert zum Ausdruck bringen. Mit solchen Deutungen nehmen sie am öffentlichen Diskurs über Geschichte teil und positionieren sich begründet zu historischen Streitfragen.

Der Aufgabentyp A kombiniert die Überprüfungsformen 2, 4 und 5; der Aufgabentyp B die Überprüfungsformen 3, 4 und 5. Die Überprüfungsformen 1, 6 und 7 sind bisher nicht in Abiturprüfungen vorgekommen. Es ist davon auszugehen, dass dies auch in absehbarer Zeit so bleibt, weshalb sie auch bei Klausuren nicht verwendet werden sollten.

Tipp Es empfiehlt sich, die Überprüfungsformen als Vorbereitung auf Klausuren im Unterricht einzeln zu üben.
Dazu können auch einzelne Aspekte der Überprüfungsformen herausgegriffen werden, etwa das textkritische Erschließen eines Materials (2 und 3), die strukturierte Wiedergabe einer Quelle (2) oder einer Darstellung (3), die Entwicklung einer eigenen Narration (4), die Darlegung von Wertmaßstäben und Kriterien für eine Beurteilung (5) oder die reflektierte Begründung eines eigenen Standpunktes (5).

2.3 Was ist bei der Aufgabenstellung zu beachten?

In NRW müssen Sie eine Klausuraufgabe im Fach Geschichte als sogenannte **geschlossene Aufgabe** konzipieren. Dies bedeutet, dass die einzelnen Teilaufgaben zusammen mit dem Materialteil ein Ganzes bilden.

In der Regel sind die Aufgabenstellungen dreigliedrig. Eine Aufgabe, die lediglich die Arbeitsanweisung „Interpretieren Sie die vorliegende Quelle“ aufweist, ist unzulässig, weil die Schüler damit methodisch überfordert wären.

Die Teilaufgaben müssen in einem klar erkennbaren inneren Zusammenhang stehen und somit die sachlogische Einheit der Aufgabenstellung sichtbar machen.

Die Aufgabenstellung bezieht sich immer auf die dazugehörigen Materialien. Das Ziel ist es, diese vollständig unter Einbeziehung des im Unterricht Erlernten zu erschließen und letztlich einen in den Materialien angesprochenen Sachverhalt (oder Teilsachverhalt) zu beurteilen. Dabei muss gewährleistet sein, **dass die Lösung nicht allein durch eine Reproduktion von im Unterricht Erarbeitetem erbracht werden kann**.

2.4 Leicht, mittel, schwer – die drei notwendigen Anforderungsbereiche

Bei der mündlichen wie schriftlichen Überprüfung des Kompetenzstands und -zuwachses müssen Sie grundsätzlich Anforderungen in allen drei Anforderungsbereichen AFB I–III stellen. Diese werden in den bundesweit gültigen **Einheitlichen Prüfungsanforderungen in der Abiturprüfung** (EPA) erläutert. Sie sind sowohl für die Aufgabenstellung und die in ihr enthaltenen Operatoren wichtig als auch für die Bewertung der erbrachten Leistungen.

Damit Ihre Klausur nicht zu leicht (zu viel AFB I) bzw. nicht zu schwierig ist (zu viel AFB III), müssen **Anforderungen des mittleren Anforderungsniveaus AFB II den Schwerpunkt bilden**.

Nach dem **Prinzip der gesteigerten Anforderungen** müssen Sie das Niveau von der ersten bis zur dritten Teilaufgabe erhöhen, indem Sie von den Schülern zunächst die strukturierte inhaltliche Wiedergabe des vorgegebenen Materials (Quelle oder Darstellung) einfordern (niedriges Anforderungsniveau), danach Erläuterungen oder Erklärungen (mittleres Anforderungsniveau) sowie abschließend eine Beurteilung oder eine eigene begründete Stellungnahme (höchstes Anforderungsniveau). Jede Arbeitsanweisung sollte möglichst nur aus **einem oder zwei Operatoren** bestehen, damit die jeweilige Anforderung und die Bearbeitungsrichtung eindeutig sind.

Im Fach Geschichte hat sich in den letzten Jahren im Abitur durchgesetzt, dass die zweite Teilaufgabe zumeist zwei Operatoren enthält. In diesem Fall wird neben der Gesamtpunktzahl für die Teilaufgabe zusätzlich für jeden Operator die Punktzahl angegeben, die für die einzelne Arbeitsanweisung erzielt werden kann.

Daraus ergibt sich folgender Aufbau einer Aufgabenstellung:

	Prinzip	Konkretes Beispiel (siehe S. 87, 106)
Typ A	Interpretieren Sie die vorliegende Quelle, indem Sie 1. sie analysieren, 2. sie in den zeitlichen Zusammenhang einordnen und die für die Argumentation des Verfassers relevanten historischen Bezüge erläutern, 3. die Einstellung des … zur … beurteilen/bewerten.	Interpretieren Sie die vorliegende Quelle, indem Sie 1. sie analysieren, 2. die Aussagen zur Kriegführung im Osten mit Bezug zum historischen Kontext erläutern sowie Hitlers Standpunkt dazu charakterisieren und 3. seinen Standpunkt unter Einbeziehung der Kriegführung in den folgenden Kriegsjahren bewerten.
Typ B	1. Analysieren Sie den vorliegenden Textauszug. 2. Erläutern Sie die im Text angesprochenen historischen Bezüge. 3. Erörtern Sie die Kernaussage (ggf. konkret benennen) des Autors.	1. Analysieren Sie den vorliegenden Text. 2. Erläutern Sie die im Text angesprochenen historischen Zusammenhänge. 3. Nehmen Sie zur Kernaussage des Autors Stellung. Berücksichtigen Sie dabei auch andere mögliche Termine für einen Nationalfeiertag, z. B. den 9. November.

Tipp

Wählen Sie als grobes Gliederungsprinzip:

1. Analysieren Sie …
2. Erläutern Sie …
3. Beurteilen Sie …

Ein häufiger Irrtum besteht in der Annahme, dass die Teilaufgaben eindeutig einem Anforderungsbereich zuzuordnen seien. Ein genauer Blick in die Operatorenliste zeigt, dass das im Fach Geschichte nicht zutrifft. Die erste Teilaufgabe („analysieren") ist überwiegend dem AFB II zugeordnet, enthält aber Elemente des Anforderungsbereichs I. Gleiches gilt für die zweite Teilaufgabe: Auch hier werden zumeist Operatoren verwendet, die überwiegend auf den AFB II zielen („erläutern", „herausarbeiten", „einordnen", „charakterisieren"). Jedoch verlangen diese auch teilweise Leistungen aus den Anforderungsbereichen I und III. Lediglich die dritte Teilaufgabe ist eindeutig dem AFB III zugewiesen.

2.5 Operation „Operator"

Im Fach Geschichte gibt es **17 Operatoren**, die in der schriftlichen Abiturprüfung verwendet werden dürfen. Diese eindeutig definierten Verben steuern für die Schüler die von ihnen erwartete Bearbeitung und das damit verbundene Anforderungsniveau.

Zwei Operatoren („interpretieren“ und „erörtern“) sind übergeordnet, umfassen also alle drei Anforderungsbereiche. Sie werden in der Regel benutzt, um zu signalisieren, was die Schüler insgesamt machen sollen und werden dann mit drei Teilaufgaben erläutert, also „Interpretieren Sie, indem Sie …“ oder „Erörtern Sie, indem Sie …“ (die drei Teilaufgaben folgen jeweils).

Übersicht über die Operatoren im Fach Geschichte

Operator	Definition	AFB
erörtern	Eine These oder Problemstellung auf ihren Wert und ihre Stichhaltigkeit hin abwägend prüfen und auf dieser Grundlage eine eigene Stellungnahme dazu entwickeln. Die Erörterung einer historischen Darstellung setzt deren Analyse voraus.	I–III
interpretieren	Sinnzusammenhänge aus Quellen erschließen und eine begründete Stellungnahme abgeben, die auf einer Analyse, Erläuterung und Bewertung beruht	I–III
analysieren	Formale Merkmale von Materialien untersuchen und Inhalt und Gedankengang von Materialien (Quellen, Darstellungen) wiedergeben bzw. Bildelemente (Karikaturen, historische Gemälde) beschreiben	überw. II
begründen	Aussagen (z. B. Urteil, These, Wertung) durch Argumente stützen, die auf historischen Beispielen und anderen Belegen gründen	überw. II
beschreiben	Merkmale/Aspekte eines Sachverhaltes oder eines Materials detailliert darstellen	I–II
beurteilen	den Stellenwert historischer Sachverhalte in einem Zusammenhang bestimmen, um ohne persönlichen Wertebezug zu einem begründeten Sachurteil zu gelangen	III
bewerten	wie Operator „beurteilen“, aber zusätzlich mit Offenlegen und Begründen eigener Wertmaßstäbe, die Pluralität einschließen und zu einem Werturteil führen, das auf den Wertvorstellungen des Grundgesetzes basiert	III
charakterisieren	historische Sachverhalte in ihren Eigenarten beschreiben und diese dann unter einem bestimmten Gesichtspunkt zusammenfassen	II–III
einordnen	einen oder mehrere historische Sachverhalte in einen historischen Zusammenhang stellen	überw. II
entwickeln	auf der Grundlage erarbeiteter Ergebnisse zu einer eigenen Deutung gelangen; gewonnene Analyseergebnisse verwerten, um in einem vorgegebenen Textformat (z. B. Rede, Leserbrief, Diskussionsbeitrag) zu einer eigenen Deutung zu gelangen	II–III
erläutern	historische Sachverhalte durch Wissen und Einsichten in einen Zusammenhang einordnen und durch zusätzliche Informationen und Beispiele verdeutlichen	überw. II

herausarbeiten	aus Materialien bestimmte historische Sachverhalte herausfinden, die nicht explizit genannt werden, und Zusammenhänge zwischen ihnen herstellen	überw. II
nennen	Informationen/Sachverhalte/Merkmale zielgerichtet unkommentiert zusammentragen	I–II
Stellung nehmen	eine Problemstellung/eine Bewertung/eine Position auf der Grundlage fachlicher Kenntnisse prüfen und nach sorgfältiger Abwägung eine Einschätzung formulieren	III
untersuchen	Materialien oder historische Sachverhalte kriterienorientiert bzw. aspektgeleitet erschließen	überw. II
vergleichen	auf der Grundlage von Kriterien historische Sachverhalte problembezogen gegenüberstellen, um Gemeinsamkeiten, Unterschiede, Teil-Identitäten, Ähnlichkeiten, Abweichungen oder Gegensätze darzustellen	II–III
zusammenfassen	Sachverhalte/Aussagen komprimiert darstellen	I–II

Quelle: https://www.standardsicherung.schulministerium.nrw.de/cms/zentralabitur-gost/faecher/getfile.php?file=3946

Tipp

1. Geben Sie Ihren Schülern so früh wie möglich die Liste mit den Operatoren. Besprechen Sie ausführlich die Definitionen und führen Sie nach und nach Beispiele dafür an.
   Weisen Sie darauf hin, dass es in anderen Fächern gleichlautende Operatoren gibt, deren Bedeutung anders ist. Der Analysebegriff im Fach Deutsch entspricht in etwa dem Begriff „Interpretieren" im Fach Geschichte, während in Geschichte der Begriff „Analysieren" deutlich enger gefasst ist (vgl. Operatorenliste).
2. Benutzen Sie bei schriftlichen Arbeitsanweisungen (Hausaufgaben, Gruppenarbeit o. a.) und in Klausuren ab der Einführungsphase nur Operatoren aus dieser Liste. Auf diese Weise gewöhnen Sie Ihre Schüler von Anfang an an die Arbeit damit.

2.6 Die optimale Materialzusammenstellung

In der Regel besteht das Material einer Klausur aus einer schriftlichen Quelle oder einem Darstellungstext.

Es ist durchaus zulässig, auch zwei schriftliche Quellen zusammenzustellen, die einander ergänzen oder im Sinne der Multiperspektivität zwei unterschiedliche Perspektiven auf ein Ereignis darbieten. Mehr als zwei Quellen sollten sich nicht im Material befinden, weil allein schon die Kontextualisierung der Quellen für die Schüler zu zeitaufwendig ist.

Auch beim Aufgabentyp B ist es zulässig, zwei kürzere darstellende Texte zu präsentieren, die zu unterschiedlichen Beurteilungen hinsichtlich eines historischen Ereignisses gelangen, z. B. zwei Deutungen der Stalin-Note oder zwei unterschiedliche Urteile über das Friedenspotenzial des Versailler Vertrags.

Länge der Texte

Zur Länge des Textmaterials lassen sich keine pauschalen Aussagen machen, da neben dem Umfang auch die Komplexität der Ausführungen für die Bearbeitungsdauer durch die Schüler von entscheidender Bedeutung ist. Im Abitur sind die Materialtexte im Grundkurs bis zu 85 Zeilen lang (Times New Roman 12), im Leistungskurs oft noch etwas länger (bis zu 100 Zeilen).

Grundsätzlich gilt, dass die Länge der Texte allmählich mit der Zeitdauer der Klausur und den wachsenden Fähigkeiten der Schüler gesteigert werden sollte.

Quellennachweise

Im Rahmen wissenschaftspropädeutischen Arbeitens halten Sie Ihre Schüler im Unterricht, u. a. auch bei eigenständigen Präsentationen und dem Anfertigen einer Facharbeit, zu einer exakten Quellenarbeit an. Setzen Sie deshalb unter die Materialien in Ihren Klausuren ebenfalls **korrekte Quellenhinweise**. Ihre Materialien können aus einer einzigen oder auch aus mehreren Quellen entnommen sein. Achten Sie darauf, nicht nur den Fundort (z. B. die Quellensammlung), sondern auch die (meist beim Material oder in einem Quellenverzeichnis genannte) Originalquelle anzugeben und fügen Sie bei Internetquellen den Hinweis „Letzter Zugriff am …" bei.

Erläuterungen

Ergänzen Sie den Quellennachweis umsichtig, wenn Ihre Schüler weitere Angaben zur korrekten Bearbeitung des Materials benötigen. So kann es sinnvoll sein, in wenigen Worten zu erläutern, wer der Autor ist und welche Rolle er im Kontext des thematisierten Ereignisses gespielt hat, wenn dies nicht dezidiert im Unterricht behandelt wurde. Ferner können Begrifflichkeiten oder historische Anspielungen, die die Schüler zum Verständnis des Textes benötigen, in Fußnoten erklärt werden.

Kürzungen

Grundsätzlich ist es zulässig, sowohl Quellentexte als auch Darstellungen zu kürzen. Diese Kürzungen müssen durch zwei eckige Klammern und drei Auslassungspunkte, also „[…]", kenntlich gemacht werden. Achten Sie bei den Kürzungen aber sorgfältig darauf, dass die Textgrundlage nicht sinnenstellt wird oder der Argumentationszusammenhang verloren geht. Das Material sollte in sich homogen bleiben. Das heißt, dass ein Text nicht allzu viele Kürzungen enthalten sollte. Ein Quellentext oder eine Darstellung, bei der nach jedem zweiten Satz eine Kürzung folgt, ist unzulässig.

Übernahme von Materialüberschriften bei Quellen und Darstellungen

Quellen und Darstellungen aus Fachzeitschriften, Zeitungen, Quellensammlungen oder anderen Veröffentlichungen enthalten oft Überschriften oder andere Textteile, die Aussagen vorwegnehmen, die der Schüler selbst erarbeiten soll. Die Formulierung „Angesichts der Anschuldigungen bezüglich seiner moderaten Appeasement-Politik in München erklärt der britische Premierminister Neville Chamberlain in Birmingham seine Haltung zu Hitlers Vorgehen gegen die Tschechoslowakei am 17. Mai 1939" enthält Elemente, die die Schüler mithilfe des Textes herausfinden sollen: Der Text ist eine Rechtfertigung, der Autor reagiert auf Kritik, er erklärt seine Politik. Die Materialüberschrift erläutert also in diesem Fall bereits den Inhalt der Quelle. Zudem findet man eine Wertung, die ebenfalls von den Schülern zu leisten ist: Chamberlains Politik wird als „moderat" eingestuft. Solche Textteile sollten Sie ändern oder weglassen.

Nichtsprachliche Quellen und Darstellungen

Es ist durchaus möglich, dass Schüler im Abitur als Materialgrundlage eine nichtsprachliche Quelle oder Darstellung erhalten. Prinzipiell können das Bilder, Fotografien, Karikaturen, Diagramme, Statistiken oder Karten sein. Bisher hat es allerdings lediglich Karikaturen als nichtsprachliches Material in Abituraufgaben gegeben.

Grundsätzlich bedeuten die Vorgaben, dass Sie im Unterricht die Arbeit mit möglichst allen nichtsprachlichen Materialien einüben müssen. Es empfiehlt sich, mindestens in einer Klausur ein nichtsprachliches Material (am besten eine Karikatur) zur Bearbeitung zu präsentieren. Mehr noch als bei schriftlichen Quellen oder Darstellungen müssen Sie darauf achten, dass ein solches Material sorgfältig kontextualisiert worden ist. Einerseits dürfen sie dabei nichts von den zu leistenden Ergebnissen vorwegnehmen, andererseits ist die Kontextualisierung oft das einzige Textelement, das Schülern helfen kann, ein nichtsprachliches Material zu erschließen.

Tipp

1. Unterschätzen Sie nicht die Schwierigkeiten, die das Erschließen eines nichtsprachlichen Materials Schülern bereitet. Geben Sie nach Möglichkeit nur eine einzige nichtsprachliche Quelle oder Darstellung zur Bearbeitung und fügen Sie auch keine sprachliche Quelle oder Darstellung hinzu.
2. Es empfiehlt sich, eine nichtsprachliche Quelle oder Darstellung als Material zu präsentieren, wenn Sie den Schülern mehrere Klausuren zur Auswahl geben. Dann haben diejenigen, die sich mit nichtsprachlichen Materialien schwertun, die Möglichkeit, eine andere Klausur zu wählen.

Fundorte

Sie sollten bei der Suche nach geeigneten Materialien auf Fundorte zurückgreifen, die Ihren Schülern nicht leicht zugänglich sind. Damit umgehen Sie die Gefahr, dass sich einige Schüler einen Wettbewerbsvorteil verschaffen, weil sie die Materialien bereits zuhause bei der Vorbereitung auf die Klausur bearbeitet haben.

Aus diesem Grund sollten Sie auf keinen Fall Materialien aus dem Schulbuch nehmen, mit dem Sie im Unterricht arbeiten. Auch andere gängige Schulbücher sind als Fundort zu vermeiden. Des Weiteren ist es nicht ratsam, einmal gestellte Klausuren zu häufig wiederzuverwerten, da Schüler sich durchaus (auch jahrgangsübergreifend) über Klausurthemen austauschen.

2.7 Die Klausur in der Einführungsphase

Das Erstellen von Klausuren in der Einführungsphase bereitet insbesondere Anfängern Schwierigkeiten. Es sind für die Schüler die ersten Klausuren im Fach Geschichte und der erste Klausurtermin ist oft bereits nach wenigen Wochen Unterricht angesetzt. Zudem beträgt die Bearbeitungszeit höchstens zwei Unterrichtsstunden. Dennoch sind alle grundlegenden Vorgaben für Klausuren in der Oberstufe einzuhalten, d. h. auch die Klausuren in der Einführungsphase haben eine dreigliedrige Aufgabenstellung, auch sie sind materialbezogen zu stellen und auch sie müssen alle drei Anforderungsbereiche umfassen.

Wie lässt sich dieses Problem lösen?
Ein entscheidendes Steuerungselement ist die **Länge des Materials**. Es empfiehlt sich, in den ersten Klausuren schriftliche Quellen als Materialgrundlage zu nehmen und diese kurz zu halten. 20 bis 25 Zeilen sind durchaus ausreichend.

Tipp Wenn Sie Kürzungen vornehmen müssen, damit die Materialgrundlage nicht zu umfangreich ist, achten Sie darauf, dass die Auslassungen nicht dazu führen, dass der Text anschließend schwieriger zu verstehen ist.

Es ist zulässig, den **Schwerpunkt der Klausur** auf die erste Teilaufgabe (Analyse der Quelle) zu legen. Die beiden anderen Teilaufgaben dürfen zwar nicht völlig wegfallen, aber sie können deutlich weniger gewichtet werden als bei späteren Klausuren. In den ersten Wochen des Unterrichts kann neben der Sachkompetenz die Kompetenz der Quellenanalyse aufgebaut werden.

Erst allmählich werden dann im Laufe der Einführungsphase die anderen Teilaufgaben, die historische Narration und das historische Urteil, stärker im Unterricht eingeübt und bekommen nach und nach auch bei den Klausuren mehr Gewicht.

Signalisieren Sie Ihren Schülern, wie Sie die einzelnen Teilbereiche gewichten, indem Sie hinter den Teilaufgaben die zu erreichende Maximalpunktzahl angeben. Während bei Abituraufgaben alle drei Teilaufgaben in etwa die gleiche **Punktzahl** erhalten, können Sie bei den ersten Klausuren in der Einführungsphase hiervon deutlich abweichen (zum Punktesystem siehe weiter unten).

Tipp Üben Sie mit kleineren schriftlichen Übungen Teilbereiche einer Klausur, beispielsweise die Kontextualisierung einer Quelle, die Analyse eines Abschnitts etc.

Ferner kann es hilfreich sein, den Schülern bei den ersten Klausuren zu gestatten, die **Operatorenliste** als Hilfsmittel zu benutzen. Das gibt ihnen Sicherheit und spart dadurch viel Zeit, die für die korrekte Bearbeitung des Materials verwendet werden kann.

Bei den ersten Klausuren können Sie außerdem weitere **Hilfsmittel** einsetzen, die es Ihren Schülern erleichtern, sich auf die eigentliche – für sie völlig neue – Aufgabe zu konzentrieren. So kann eine **methodische Anleitung** zur Quellenanalyse erlaubt werden. Ferner könnte es helfen, die Benutzung eines Merkblattes mit wichtigen **Daten und Ereignissen** zu gestatten. Setzen Sie diese Hilfsmittel aber gezielt ein und nur, wenn sie wirklich zur Bearbeitung der Aufgaben nötig sind, um Ihre Schüler nicht von der eigentlichen Aufgabe abzulenken.

Auf keinen Fall sollten aber die eigenen Aufzeichnungen der Schüler als Hilfsmittel zugelassen werden, denn diese sind durchaus unterschiedlich. Zudem ist kaum noch zu kontrollieren, welche unerlaubten Hilfsmittel sich zwischen diesen Aufzeichnungen verbergen.

Tipp Sprechen Sie vor der ersten Klausur das Thema „Vorschreiben" an. Es ist sinnvoll, wenn sich die Schüler während der Klausur Notizen machen, etwa auf dem Materialblatt, oder in wenigen Stichworten eine Gliederung skizzieren.
Ein komplettes Vorschreiben der Klausur ist hingegen unsinnig, aber leider immer noch weit verbreitet. Es kostet viel Zeit und das Abschreiben geschieht am Ende unter großem Zeitdruck, sodass es meist zu keinerlei Verbesserung führt.

2.8 Die Klausur unter Abiturbedingungen

Bei der Vorbereitung auf das Zentralabitur kommt der Klausur unter Abiturbedingungen eine besondere Bedeutung zu: Da im Fach Geschichte im Abitur eine Auswahl zwischen drei Aufgaben vorgesehen ist, müssen Sie den Schülern auch in der Klausur unter Abiturbedingungen eine **Aufgabenauswahl** ermöglichen. Die Anzahl der Auswahlmöglichkeiten muss dabei nicht der im Abitur vorgesehenen entsprechen, es können auch nur zwei Klausuren zur Wahl stehen.

- Inhaltlich beziehen sich alle von Ihnen zur Auswahl gestellten Klausuren auf den Unterricht des Quartals, in dem Sie diese Klausuren schreiben lassen. Sie dürfen sich also bei der **Themenwahl** nicht auf andere Kurshalbjahre stützen.
- Die **Dauer der Klausur** unter Abiturbedingungen richtet sich nach den Vorgaben für die Abiturklausuren und beträgt dementsprechend 30 Min. Auswahlzeit + 4 ¼ Zeitstunden (LK) bzw. 30 Min. Auswahlzeit + 3 Zeitstunden (GK).
- Die **Beurteilung** müssen Sie auf der Basis des kriterienorientierten Bewertungssystems vornehmen.

3 Der punktgestützte Erwartungshorizont

3.1 Wie formuliert man Lösungseinheiten?

In Ihren **punktgestützten Lösungserwartungen** legen Sie vorab die **Bewertungskriterien** fest, d. h., Sie definieren, welche **Bearbeitungsaspekte** (Indikatoren) Sie bezogen auf die einzelnen Teilaufgaben von Ihren Schülern verlangen. Außerdem **gewichten** Sie die **Teilleistungen**, indem Sie jedem Indikator einen **maximalen Punktwert** zuordnen. Die Punkte für jede Teilaufgabe weisen Sie in der Aufgabenstellung aus.

Ausgehend von dem gleichbleibenden Satzanfang *„Der Schüler …“* formulieren Sie für jedes Item einen vollständigen Satz mit jeweils einem einzigen Verb, der einen **wesentlichen Auswertungsaspekt** enthält. Als Item wird ein (übergeordnetes) Leistungskriterium bezeichnet, für das der Schüler Punkte bekommt. Anschließend können mit „z. B.“ und/oder mit Aufzählungszeichen konkrete Gesichtspunkte sowie Materialbezüge aufgelistet werden.

BEISPIEL (für ein Item mit 2 Punkten)

Der Schüler

- *benennt als* ***Autor*** *den damaligen Bundestagspräsidenten Wolfgang Thierse (SPD) und als* ***Adressaten*** *die Abgeordneten des deutschen Bundestages sowie die deutsche Öffentlichkeit.* *(siehe S. 101)*

In diesem Fall handelt es sich um den ersten Teil der Kontextualisierung einer Quelle. Weitere Aspekte der Kontextualisierung müssen folgen, wie die **Benennung der Quellengattung, des Zeitraums der Entstehung der Quelle, des Anlasses**, auf den im Text Bezug genommen wird, sowie das **Thema** des Textes und die **Absicht des Autors**.

Die fett gedruckten Aspekte werden in der Regel ebenfalls mit jeweils zwei Punkten versehen. Bei einer nichtsprachlichen Quelle und einer Darstellung ist ähnlich zu verfahren.

Während die Kontextualisierung des Materials kleinschrittig aufgelistet und mit jeweils wenigen Punkten versehen wird, sind die anderen Items bei allen drei Teilaufgaben groß angelegt und werden mit hoher Punktzahl versehen.

Dabei ist es wichtig, zunächst zu benennen, was die Schüler leisten sollen, und dann Beispiele dafür anzugeben. **Beispiel** (mit Bezug zur Klausur auf S. 99 f.):

BEISPIEL (für ein Item mit höheren Punkten)

Teilaufgabe: „*... sie (= die Quelle) analysieren*“

Der Schüler/die Schülerin gibt Inhalt und Gedankengang der Rede wieder, indem er/sie als zentrale Aussagen Thierses herausarbeitet:

***Vorstellung der anstehenden Entscheidung und Betonung von deren Bedeutung** (vgl. Z. 1–16)*

- *Eingeständnis der **Schwierigkeit**, angesichts des enormen (auch internationalen) Drucks, eine Entscheidung zu treffen*
- *Betonung der **Wichtigkeit der Entscheidung für Deutschland:** Entscheidungsfindung und Debatte werden zeigen, ob sich die Deutschen mit Anstand aus dem schlimmen 20. Jahrhundert verabschieden (vgl. Z. 9ff.)*
- *Entscheidung für das Mahnmal aus eigener Verantwortung, trotz des öffentlichen und **internationalen Erwartungsdrucks** (vgl. Z. 5–8)*
- ***Ablehnung**, einen **Schlussstrich** unter die Geschichte zu ziehen, aber Anerkennung der Argumente derjenigen, die gegen das Mahnmal sind (vgl. Z. 11–16)*

***Vorstellung der Gegenargumente und Entkräftung** (vgl. Z. 16–45)*

- ***1. Gegenargument** (Hanno Loewy): **Holocaust berühre** die „**Grenze unseres Verstehens**“ (Z. 17) → viele Versuche, dem Unfassbaren in einem Denkmal Ausdruck zu verleihen, würden diese These bestätigen; dennoch dürfe man auf das Denkmal nicht verzichten (vgl. Z. 16–21)*
- ***2. Gegenargument** (Ignatz Bubis): **Juden würden** ein solches **Denkmal nicht benötigen** → Denkmal sei aber weniger für die Nachfahren der Opfer, als für die der Täter bestimmt; es solle ständige „Beunruhigung und Mahnung“ (Z. 29) sein und zukünftig „Wegsehen und Gleichgültigkeit“ (Z. 30) verhindern (vgl. Z. 22–30)*
- ***3. Gegenargument** (Reinhart Koselleck): Vorwurf, mit **Denkmal für nur eine Opfergruppe** Opfer zu hierarchisieren, wodurch man sich der Kategorien bedienen würde, mit denen die SS ihre Opfer definiert habe (vgl. Z. 33–37) → Entkräftung (trotz Schwierigkeiten Thierses, hier Entscheidung zu fällen) durch Hinweis auf Zentralität des organisierten Massenmordes an den Juden innerhalb der NS-Ideologie, der den Höhepunkt eines jahrtausendealten Judenhasses darstelle; daneben aber Plädoyer für würdiges Gedenken an andere Opfergruppen (vgl. Z. 38–45)*

***Überlegungen, ob reines Denkmal ohne Zusatzinformationen ausreicht** (vgl. Z. 46–61)*

- *Einsatz für **Denkmal mit integriertem Informationszentrum** aufgrund der Komplexität von Erinnern und Gedenken → Kombination von beidem durch das Auslösen von Empathie und historische Aufklärung (vgl. Z. 50–56)*
- *Begründung mit **nachfolgenden Generationen**, für die Denkmal allein keine Aussagekraft mehr besitze (vgl. Z. 58–61)*

***Fazit** (vgl. Z. 62–66)*

Botschaft des Denkmals sei Scham als ein Moment der „menschlichen Würde“ (Z. 63); aus Gedenken an mit Unrecht verknüpfte Geschichte erwachse eine „moralische Gegenwartsverpflichtung und Zukunftsfähigkeit“ (Z. 65)

Für dieses Item sind in dem zitierten Beispiel 16 Punkte vergeben worden. Es umfasst die gesamte Beschreibung des Inhalts und Gedankengangs der Quelle.

Folgende Variationen sind denkbar:

1. Es ist möglich, Aspekte aufzulisten und davor „**z. B.**“ zu notieren. Damit drücken Sie aus, dass zum einen nicht alle der hinter den folgenden Aufzählungszeichen formulierten Details für die Erreichung der Höchstpunktzahl notwendig sind. Außerdem bedeutet „z. B.“, dass auch andere als die von Ihnen selbst angeführten inhaltlichen Aspekte oder Argumente genannt werden können, die für das Verständnis der Quelle bedeutsam sind. Mit „z. B.“ eröffnen Sie also für den Schüler **Ergebnisspielräume** und legen ihn nicht zu stark auf Ihre eigenen Gedanken fest.

Wenn Sie in einzelnen Items auf dieses „z. B." verzichten, so muss der Schüler zur Erreichung der Höchstpunktzahl dieses Items alle genannten Detailaussagen anführen, wenngleich auch nicht in der von Ihnen gewählten Reihenfolge.

2. Sie können eine Reihe von Aspekten nennen und hinzufügen, wie viele von diesen Aspekten für die Erreichung der Maximalpunktzahl mindestens aufgeführt werden sollen. Sie erwähnen also beispielsweise sieben Aspekte und legen fest, dass davon vier erläutert/benannt/herausgearbeitet etc. werden müssen. Dieses Verfahren eignet sich besonders für die zweite und dritte Teilaufgabe, in denen ausgehend vom Material historische Zusammenhänge erläutert oder beurteilt werden sollen. Mit der Nennung von mehr Aspekten als für die Maximalpunktzahl nötig signalisieren Sie einerseits, dass es zahlreiche historische Zusammenhänge gibt, die zur Erhellung des im Material angesprochenen Sachverhalts beitragen können. Andererseits zeigen Sie auch, dass Sie nicht erwarten, dass Ihre Schüler alle möglichen Zusammenhänge kennen und erläutern. Die Prüflinge sollen sich bewusst für einige entscheiden, die für ihre individuelle historische Narration zentral sind.

Tipp Nutzen Sie einheitlich „z. B." oder „etwa", um dem Schüler individuelle Argumentationswege zu ermöglichen. Wählen Sie bewusst nicht dieselbe Anzahl von Punkten und Spiegelstrichen in einem Item, um zu zeigen, dass es mehr gültige Lösungen gibt als die genannten.

Materialbezüge ausweisen

Geben Sie bei der ersten Teilaufgabe bei Ihren Formulierungen der Items immer den Materialbezug (Quelle oder Darstellung) mit entsprechender Zeilenzahl an. Fordern Sie Ihre Schüler in der **Klausurvorbereitung** auf, am Ende von gedanklichen Abschnitten oder an wichtigen Einzelstellen ihrer Lösung Aussagen und Zitate durch entsprechende Zeilenangaben zu belegen.

Führen Sie so früh wie möglich den Unterschied zwischen indirektem und direktem Zitat ein und besprechen Sie die formalen Regeln dafür mit Ihren Schülern.

3.2 Die Größe der Items im Fach Geschichte

Das oben erläuterte Verfahren mit den recht großen Items, für die es viele Punkte gibt, hat sich im Fach Geschichte im Unterschied zu vielen anderen Fächern in NRW durchgesetzt. Grundsätzlich wäre es ja möglich, jeden einzelnen Aspekt mit einer kleineren Punktzahl zu bewerten, also bei dem letzten Beispiel (siehe S. 18) etwa für jeden Aspekt entweder 2 oder 3 Punkte zu vergeben. Bei den ersten Abiturklausuren nach der Einführung des Zentralabiturs ist auch so verfahren worden. Doch dann wurde die Bepunktung im Fach Geschichte umgestellt, um Schülern und Lehrkräften größere Freiheiten zu ermöglichen.

Vor allem bei der zweiten Teilaufgabe und mehr noch bei der dritten sollen die Schüler ihre eigene Narration und ihre eigene Deutung entwickeln. Dazu gehört es, dass sie sich bewusst für einzelne Aspekte entscheiden, die sie genauer ausführen, andere nur nebenbei erwähnen oder ganz weglassen. Diese Freiheiten würden massiv eingeschränkt, würden die Punkte kleinschrittig für einzelne Aspekte verteilt. Der Erwartungshorizont der Lehrperson würde so zu einer verbindlichen Meistererzählung führen und die Lernenden würden eher versuchen, die

Vorstellungen der Lehrperson zu erraten und möglichst gut zu treffen, anstatt eine eigene Deutung zu entwickeln.

In diesen Kontext gehört auch, dass es bei jeder Teilaufgabe ein Item geben sollte, das nicht näher definiert ist. Es lautet *„Der Schüler erfüllt ein weiteres aufgabenbezogenes Kriterium.“* Dieses Item kann mit 2 bis 4 Punkten versehen werden. Auch durch dieses Mittel wird der Erwartungshorizont offener und unabhängiger von den konkreten Erwartungen der Lehrperson. Es gibt Ihnen die Möglichkeit, den jeweils individuellen Lösungsversuchen Ihrer Schüler gerecht zu werden und diese mit Punkten zu honorieren.

3.3 Formulierung der Teilerwartungen im Bewertungsbogen

Im Rahmen der dreiteiligen Aufgabenstellung haben die Schüler die **Operatoren** zu beachten, die die Bearbeitungsrichtung vorgeben. Bei den großen Items können Sie in Ihrem Erwartungshorizont auf diese Operatoren zurückgreifen. Sollten Sie eine Teilaufgabe mit einem Operator in weitere Teilschritte und sachbezogene Teilaspekte gliedern, also **Teilerwartungen** formulieren, dann sollten an dieser Stelle nicht die Operatoren verwendet werden (v. a. nicht die übergeordneten Operatoren „erörtern“ bzw. „interpretieren“).

Nachfolgend finden Sie eine Liste mit Verben, die Sie für die Items verwenden können, zugeordnet zu den einzelnen Operatoren:

Operator	Verben zur Formulierung von Teilerwartungen	AFB
analysieren	*sollte nach Möglichkeit bei der Formulierung von Teilerwartungen vermieden werden, da dieser fast alle anderen Arbeitsschritte enthält und fordert*	überw. II
begründen	stützt seine Aussage/sein Urteil/seine These/seine Wertung, nennt historische Beispiele, führt Belege an	überw. II
beschreiben	gibt an, stellt fest, stellt dar, stellt heraus, zeigt auf, führt aus, hebt hervor, ermittelt	I–III
beurteilen	verdeutlicht, arbeitet Positiva und Negativa heraus, weist hin auf (u. a. Unterschiede, Bezüge, Wechselwirkungen), geht kritisch ein auf, unterscheidet zwischen Beurteilungskriterien, problematisiert, merkt kritisch an, schlussfolgert, wägt ab, formuliert eigene Meinung (abschließend, schlüssig, begründet, differenziert), formuliert begründete Stellungnahme	III
bewerten	*wie beurteilen; zusätzlich:* legt eigene Wertmaßstäbe offen, grenzt sich von anderen möglichen Meinungen ab	III
charakterisieren	beschreibt die Eigenarten eines historischen Sachverhalts, fasst kriteriengeleitet zusammen	II–III
einordnen	stellt Bezug her, gliedert ein, stellt den historischen Zusammenhang her	überw. II
entwickeln	legt erarbeitete Ergebnisse dar, gelangt zu einer eigenen Deutung, verwertet gewonnene Ergebnisse	II–III

erläutern	legt dar, weist hin auf, belegt seine Aussagen, führt (Gründe) an, setzt (Aussagen) in Beziehung, stellt her (sachlogische Beziehung), leitet aus … ab, verweist auf, zeigt als Folge auf, schlussfolgert, zieht den Schluss	überw. II
herausarbeiten	findet heraus, benennt explizit, stellt Zusammenhänge her	überw. II
nennen	trägt zusammen	I–II
Stellung nehmen	weist auf … hin, verdeutlicht, akzentuiert, merkt kritisch an, problematisiert, wendet ein, stellt abschließend fest	III
untersuchen	erschließt aspektgeleitet	überw. II
vergleichen	wendet Vergleichskriterien an, führt Gemeinsamkeiten/ Unterschiede an, stellt Abweichungen, Gegensätze, Übereinstimmungen fest	II–III
zusammenfassen	bringt auf den Punkt, stellt zusammen, legt dar	I–II

3.4 Orientierung für die Punktevergabe bei großen Items

Bei den großen Items hat es sich im Fach Geschichte durchgesetzt, eine Orientierung für die Punkteverteilung anzugeben und zwar sowohl für die Hälfte der zu erzielenden Punkte als auch für die Maximalpunktzahl. Diese Orientierung entspricht den Noten „ausreichend“ und „sehr gut“ bei dem jeweiligen Item.

BEISPIEL (für die **Quellenanalyse** – Teilaufgabe 1)

- **Orientierung für eine 8 Gewichtungspunkten entsprechende Lösungsqualität:** Die Hauptaussagen der Quelle werden, z. B. im textdurchschreitenden Verfahren zutreffend wiedergegeben.
- **Orientierung für eine 16 Gewichtungspunkten entsprechende Lösungsqualität:** Die Hauptaussagen der Quelle werden, z. B. auf der Grundlage einer Gliederung, präzise und differenziert so herausgearbeitet, dass Inhalt und gedanklicher Aufbau der Quelle deutlich werden.

BEISPIEL (für eine Teilaufgabe 3)

- **Orientierung für eine 9 Gewichtungspunkten entsprechende Lösungsqualität:** Der Prüfling gelangt zu einem eigenständigen Urteil; dabei werden grundlegende historische Kenntnisse nachgewiesen und Bewertungskriterien offengelegt. Die Darstellung enthält keine gravierenden sachlichen Fehler.
- **Orientierung für eine 18 Gewichtungspunkten entsprechende Lösungsqualität:** Der Prüfling gelangt zu einem kritisch abwägenden eigenständigen Urteil und weist dabei breite historische Kenntnisse nach. Die Bewertung legt die Wertmaßstäbe offen und reflektiert differenziert die Standortgebundenheit des Autors. Die Darstellung enthält keine sachlichen Fehler.

Tipp Diese Orientierung sollten Sie lediglich für sich anfertigen und nicht auf dem Bogen aufführen, den Sie Ihren Schülern bei der Rückgabe der Klausur aushändigen können. Die Formulierung der Orientierungen sollten Sie mit Ihren Kolleginnen und Kollegen in der Fachkonferenz diskutieren. Darüber lassen sich recht gut die Maßstäbe der Bewertung vereinheitlichen.

3.5 Anmerkung zur Bewertung der Schülerleistungen

Die obigen Ausführungen zu den Orientierungen verdeutlichen bereits, dass die volle Punktzahl bei einem Item und auch bei den Teilaufgaben nicht erreicht werden kann, wenn die Schüler lediglich in Stichpunkten antworten. Auch Ausführungen, in denen überwiegend mit Spiegelstrichen gearbeitet wird, können nicht die jeweils volle Punktzahl erlangen.

Zwar können so gestaltete Lösungen inhaltlich und formal alle aufgeführten Items tatsächlich richtig ansprechen. Es fehlt ihnen aber eine Leistung, die im Fach Geschichte zu erwarten ist. Die Ausführungen müssen einen sachlogischen Zusammenhang haben. Das bedeutet, dass die Schüler modale, finale, kausale, konsekutive, konditionale und temporale Verknüpfungen vornehmen müssen. Erst dann kann die Gedankenführung einer Darstellung oder einer Quelle angemessen erfasst werden, erst dann kann man auch von einer eigenen Narration und einem begründeten Urteil sprechen.

Tipp Üben Sie mit Ihren Schülern den sprachlichen Aufbau einer Textpassage. Schüler neigen dazu, temporale Verknüpfungen zu bevorzugen, wenn sie nicht mehr mit Spiegelstrichen arbeiten dürfen. Geben Sie ihnen bei Übungen eine geordnete Liste mit Konjunktionen an die Hand (siehe Konjunktionenkreis auf S. 27) und verbieten Sie zur Übung ruhig einmal temporale Verknüpfungen.

3.6 Wie verteilt man die Punkte zu den Lösungseinheiten?

Basispunkte

Punktgestützte Bewertungsschlüssel kennzeichnen inzwischen die Klausurpraxis in NRW. Dabei orientieren sich die Fachschaften mit großer Mehrheit an der Punktevergabe im Zentralabitur: Von den **100 maximal erreichbaren Punkten** („Basispunkte“) entfallen dort **80 Punkte auf die inhaltlich-methodische Leistung** und **20 Punkte auf die Darstellungsleistung** (Verhältnis 4:1). Auch dann, wenn Sie als Fachschaft etwa in der Einführungsphase weniger Punkte als 100 Basispunkte für eine Klausur vergeben möchten, sollten Sie das Verhältnis 4:1 beibehalten. Das bedeutet, dass Sie z. B. bei 60 Basispunkten für die inhaltlich-methodische Leistung 48 Punkte und für die Darstellungsleistung 12 Punkte vergeben sollten. Die Klausuren in diesem Band werden allesamt mit dem 100-Punkte-Ansatz bewertet.

Zuordnung der Punkte zu den Teilaufgaben

Bei der Zuordnung der Punkte zu den drei Teilaufgaben sollten Sie Folgendes berücksichtigen: Für die **erste Teilaufgabe** mit dem Schwerpunkt im AFB I–II sollten Sie in der Einführungsphase deutlich mehr Punkte vergeben als in der Q 1 und in der Q 2 (vgl. S. 13 f.). Der Großteil der Punkte soll für den mittleren Anforderungsbereich vergeben werden. Da die erste Teilaufgabe diesen bereits überwiegend enthält, ist dieser Vorgabe dann Genüge geleistet, wenn weitere Punkte für die zweite Teilaufgabe vergeben werden. Auch diese ist überwiegend dem AFB II zugeordnet. Die Punkte für die Teilaufgaben 2 und 3 sollten allmählich gesteigert werden, zunächst für die Teilaufgabe 2, danach für die Teilaufgabe 3. Am Ende (in Q2) sollten für alle drei Teilaufgaben ungefähr gleich viele Punkte vergeben werden.

Empfehlungen für die Punktvergabe

	Teilaufgabe 1	Teilaufgabe 2	Teilaufgabe 3
EF	45–55	15–20	10–15
Q 1	30–45	20–28	15–22
Q 2	26–28	26–28	26–28

Zuordnung der Punkte zu einzelnen Operatoren

Sollten Sie bei Teilaufgabe 2 zwei Operatoren verwenden, wie es zumeist auch bei den Abituraufgaben gemacht wird, dann weisen Sie zusätzlich zu der Punktzahl für die Teilaufgabe auch die Punktzahl aus, die bei jedem Operator zu erzielen ist.

BEISPIEL

Interpretieren Sie die Quelle, indem Sie

1. *sie analysieren,* (28 Punkte)
2. *die Aussagen zur Kriegführung im Osten mit Bezug zum historischen Kontext erläutern* (16 BE) *sowie Hitlers Standpunkt dazu charakterisieren* (10 BE)

Darstellungsleistung

Die 20 Basispunkte der Darstellungsleistung werden anhand von fünf vorgegebenen und in allen Klausuren im Fach Geschichte gleichbleibenden Items verteilt (siehe Beispiel S. 26).

3.7 Wie wird aus dem erreichten Gesamtpunktwert eine Note?

Die Umsetzung des Gesamtpunktwerts in eine Note erfolgt nach dem vom Schulministerium vorgegebenen Prinzip (vgl. nachfolgende Tabelle). Sollten Sie weniger als 100 Basispunkte vergeben, so müssten Sie die Werte äquivalent berechnen.

Grundsätze für die Bewertung (Notenfindung)

Für die Zuordnung der Notenstufen zu den Punktzahlen ist folgende Tabelle zu verwenden:

Note	Punkte	Erreichte Punktzahl
sehr gut plus	15	100–95
sehr gut	14	94–90
sehr gut minus	13	89–85
gut plus	12	84–80
gut	11	79–75
gut minus	10	74–70
befriedigend plus	9	69–65
befriedigend	8	64–60
befriedigend minus	7	59–55
ausreichend plus	6	54–50
ausreichend	5	49–45
ausreichend minus	4	44–39
mangelhaft plus	3	38–33
mangelhaft	2	32–27
mangelhaft minus	1	26–20
ungenügend	0	19–0

3.8 Bewertungsbogen Geschichte

Bewertungsbogen

Kurshalbjahr: ______ Klausur Nr.: ______
Schüler: ______
Thema: ______

a) Inhaltliche Leistung

Teilaufgabe 1

Der Schüler	Maximal erreichbare Punkte	erreichte Punkte
1 benennt den Autor …	2	
2 charakterisiert die Quellengattung …	2	
3 benennt den Zeitraum …	2	
4 arbeitet das Thema heraus …	2	
5 arbeitet die Absicht heraus …	2	
6 gibt Inhalt und Gedankengang des Textes wieder		
7 erfüllt ein weiteres aufgabenbezogenes Kriterium.	(x)	
Summe Teilaufgabe 1	x	

Teilaufgabe 2

Der Schüler	Maximal erreichbare Punkte	erreichte Punkte
1		
2		
3		
4		
5 erfüllt ein weiteres aufgabenbezogenes Kriterium.		
Summe Teilaufgabe 2	?	

1. Es handelt sich bei dem Muster um einen Bewertungsbogen für den Aufgabentyp A. Beim Aufgabentyp B müsste der obere Teil der Teilaufgabe 1 geringfügig abgeändert werden.
2. Zusätzlich zur Darstellungsleistung können nach § 13 Abs. 2 APO-GOSt bis zu zwei Notenpunkte in der Qualifikationsphase bei gehäuften Verstößen gegen die sprachliche Richtigkeit abgezogen werden. In der Einführungsphase darf maximal ein Notenpunkt abgezogen werden.

Tipp Setzen Sie den § 13 Abs. 2 APO-GOSt in Absprache mit Ihrer Fachkonferenz sinnvoll ein. Die Formulierung „gehäufte Verstöße“ ist bewusst sehr offen gehalten. Es empfiehlt sich, diesen Punktabzug erst dann vorzunehmen, wenn bereits in der vorhergehenden Klausur das zu tolerierende Maß überschritten war. Oft hat bereits die Ankündigung der Umsetzung des Paragrafen disziplinierende Wirkung.

Neben der inhaltlichen Leistung entfallen bei jeder Klausur 20 BE auf die Darstellungsleistung. Diese wird in jedem Bewertungsbogen im Anschluss an die drei Teilaufgaben aufgeführt und sieht immer gleich aus. Aus diesem Grund ist sie nicht bei jeder Klausur dieses Heftes mit abgedruckt, sondern nur einmal im Vorspann (siehe Folgeseite). Außerdem steht sie, als Teil des gesamten Bewertungsbogens, zum Download zur Verfügung.

Darstellungsleistung

	Der Schüler/die Schülerin	maximal erreichbare Punkte	erreichte Punkte
1	strukturiert seinen/ihren Text schlüssig, stringent sowie gedanklich klar und bezieht sich dabei genau und konsequent auf die Aufgabenstellung.	5	
2	bezieht beschreibende, deutende und wertende Aussagen schlüssig aufeinander.	4	
3	belegt seine/ihre Aussagen durch angemessene und korrekte Nachweise (Zitate, Bezüge u. a.).	3	
4	formuliert unter Beachtung der Fachsprache präzise und begrifflich differenziert.	4	
5	schreibt sprachlich richtig (Grammatik, Orthographie, Zeichensetzung) sowie syntaktisch und stilistisch sicher.	4	
	Summe Darstellungsleistung	**20**	

ZUSAMMENFASSUNG

- Anzahl und Dauer der Klausuren in der Oberstufe sind in der APO-GOSt für alle drei Jahrgänge verbindlich festgelegt.
- Jede Klausur der Oberstufe muss sich auf die inhaltlichen Vorgaben des Kernlehrplans beziehen, d. h. in der Einführungsphase auf die Inhaltsfelder 1 bis 3 sowie in der Qualifikationsphase auf die Inhaltsfelder 4 bis 7.
- Jede Klausur fordert vom Schüler eine „materialgebundene Problemerörterung".
- Die Aufgabenstellung muss mehrteilig und geschlossen sein, d. h., alle Teilaufgaben müssen sich auf das Material beziehen und ein thematisches Ganzes ergeben.
- Die Anzahl der Teilaufgaben beträgt in der Regel drei; diese sind nach dem Prinzip der sich steigernden Anforderungen zu gestalten. In allen Klausuren der Oberstufe müssen Anforderungen aller drei Anforderungsbereiche (AFB I–III) enthalten sein.
- Die Teilaufgaben enthalten Operatoren aus der Liste der verbindlichen Operatoren des Faches Geschichte. Die zweite Teilaufgabe kann zwei Operatoren enthalten.
- Der Materialteil weist einen begrenzten Umfang an fachspezifischen Materialien auf. Der Umfang unterscheidet sich zwischen der Einführungs- und der Qualifikationsphase sowie zwischen Grund- und Leistungskurs. Grundsätzlich sollten nicht mehr als zwei Materialien zu bearbeiten sein.
- Ein Mix der Aufgabentypen ist nicht zulässig, d. h., Quellenmaterial darf nicht mit Darstellungen kombiniert werden.
- Als Basispunkte werden i. d. R. 100 Punkte vergeben (Regelung im Zentralabitur).
- Bei der Festlegung des punktgestützten Erwartungshorizonts sind jeweils die beiden Bewertungsbereiche „Inhaltliche und methodische Leistungen" sowie „Darstellungsleistung" in Analogie zur Punktevergabe im Zentralabitur zu berücksichtigen.
- Die Punktevergabe für weitere aufgabenbezogene Kriterien beträgt in der Summe maximal 10 % der Basispunktzahl; diese Kompensationspunkte werden den Teilaufgaben in Relation zu deren Punktwerten zugeordnet.
- Eine der Klausuren der Qualifikationsphase muss unter Abiturbedingungen geschrieben werden.

Konjunktionenkreis

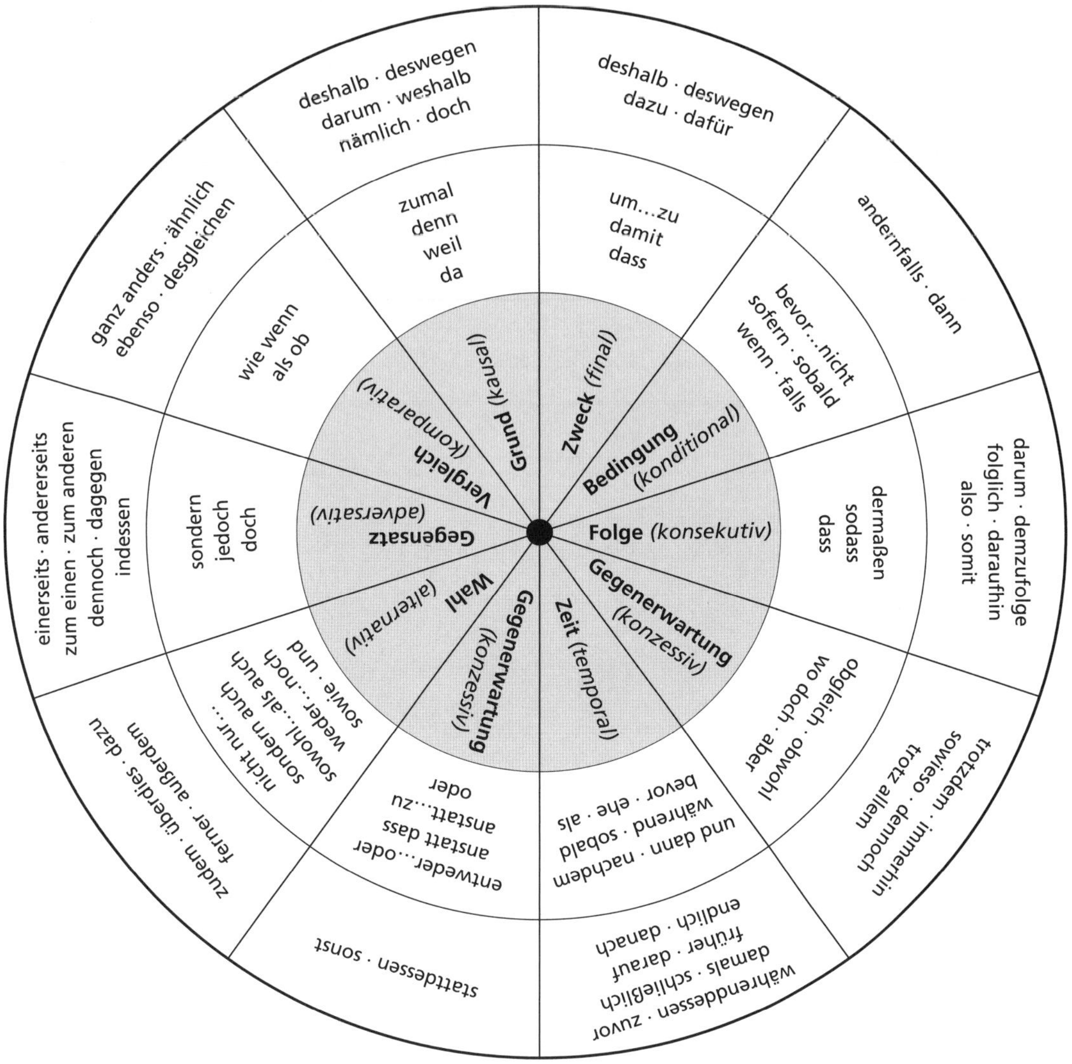

PRAXIS

Die Germanen aus römischer Perspektive

Name: ______________________ Datum: ____________

Aufgabenstellung

1 a Analysieren Sie die Quelle formal, 18 BE

b inhaltlich und 22 BE

c fassen Sie die Charakteristika zusammen, die Tacitus den Germanen zuschreibt. 10 BE

2 Erläutern Sie, aus welchem Grund Tacitus gerade diese Merkmale der Germanen hervorhebt. Nutzen Sie dazu Ihre Kenntnisse über das Selbst- und das Fremdbild der Römer im Imperium Romanum. 20 BE

3 Beurteilen Sie, inwiefern Tacitus' Aussagen dem Leser ein zuverlässiges Bild über die Germanen vermitteln. Berücksichtigen Sie dabei die Informationsquelle des antiken Autors, die Schlüssigkeit seiner Beschreibung sowie die Intention seiner Schrift. 10 BE

M Tacitus: Germania, 98 n. Chr.

Der folgende Textauszug ist der Abhandlung „Germania" entnommen, die der römische Senator und Historiker Publius Cornelius Tacitus (ca. 58–120 n. Chr.) im Jahr 98 n. Chr. verfasste und veröffentlichte. Der Autor stammte vermutlich aus einer wohlhabenden Familie, wuchs wohl im südlichen Gallien auf, absolvierte ein Studium in Rom und bereiste während seiner politischen Laufbahn verschiedene Provinzen. Tacitus war ein Zeitgenosse des römischen Kaisers Trajan, seine Schriften legen jedoch nahe, dass er ein Verfechter der römischen Republik war. Nach bisherigem Kenntnisstand hat Tacitus Germanien nie selbst kennengelernt, dürfte aber Kontakte zu römischen Beamten und Kaufleuten gehabt haben, die das Gebiet bereist hatten. Darüber hinaus stützt er sich auf die Darstellung der Germanen durch Julius Caesar, der in seinem Bericht „De Bello Gallico" einen Vergleich zwischen Galliern und Germanen zieht, um seine Feldzüge gegen die Germanen zu rechtfertigen.

4. Ich selbst schließe mich der Ansicht an, daß sich die Bevölkerung Germaniens niemals durch Heiraten mit Fremdstämmen vermischt hat und so ein reiner, nur sich selbst gleicher Menschenschlag von eigener Art geblieben ist. Daher ist auch die äußere Erscheinung trotz der großen Zahl von Menschen bei allen dieselbe: wild blickende blaue Augen, rötliches Haar und große Gestalten, die allerdings nur zum Angriff taugen. Für Strapazen und Mühen bringen sie nicht dieselbe Ausdauer auf, und am wenigsten ertragen sie Durst und Hitze; wohl aber sind sie durch Klima oder Bodenbeschaffenheit gegen Kälte und Hunger abgehärtet. […]

7. […] Besonders spornt sie zur Tapferkeit an, daß nicht Zufall und willkürliche Zusammenrottung, sondern Sippen und Geschlechter die Reiterhaufen oder die Schlachtkeile bilden. Und ganz in der Nähe haben sie ihre Lieben; von dorther können sie das Schreien der Frauen, von dorther das Wimmern der Kinder vernehmen. Ihr Zeugnis ist jedem das heiligste, ihr Lob das höchste: zur Mutter, zur Gattin kommen sie mit ihren Wunden, und jene zählen oder prüfen ohne Scheu die Stiche; auch bringen sie den Kämpfenden Speise und Zuspruch. 8. Schon

manche wankende und sich auflösende Schlachtreihe wurde, wie es heißt, von den Frauen wieder zum Stehen gebracht: durch beharrliches Flehen, durch Entgegenhalten der entblößten Brust und den Hinweis auf die nahe Gefangenschaft, die den Germanen um ihrer Frauen willen weit unerträglicher und schrecklicher dünkt. Aus diesem Grunde kann man einen Stamm noch wirksamer binden, wenn man unter den Geiseln auch vornehme Mädchen von ihm fordert. [...]

14. Kommt es zur Schlacht, ist es schimpflich für den Gefolgsherrn, an Tapferkeit zurückzustehen, schimpflich für das Gefolge, es dem Herrn an Tapferkeit nicht gleichzutun. Doch für das ganze Leben lädt Schmach und Schande auf sich, wer seinen Herrn überlebend aus der Schlacht zurückkehrt: ihn zu schirmen und zu schützen, auch die eigenen Heldentaten ihm zum Ruhme anzurechnen, ist des Dienstes heiligste Pflicht. Die Herren kämpfen für den Sieg, die Gefolgsleute für den Herrn.

Wenn der Heimatstamm in langer Friedensruhe erstarrt, suchen viele der jungen Adligen auf eigene Faust Völkerschaften auf, die gerade irgendeinen Krieg führen; denn Ruhe behagt diesem Volke nicht, und inmitten von Gefahren wird man leichter berühmt. Auch läßt sich ein großes Gefolge nur durch Gewalttat und Krieg unterhalten. Die Gefolgsleute erwarten nämlich von der Huld ihres Herrn ihr Streitroß, ihre blutige und siegbringende Frame[1]. Denn die Mahlzeiten und die wenn auch einfachen, so doch reichlichen Schmausereien gelten als Sold. Die Mittel zu diesem Aufwand bieten Kriege und Raub. Und nicht so leicht könnte man einen Germanen dazu bringen, das Feld zu bestellen und die Ernte abzuwarten, als den Feind herauszufordern und sich Wunden zu holen; es gilt sogar für träge und schlaff, sich mit Schweiß zu erarbeiten, was man mit Blut erringen kann. [...]

20. In jedem Hause wachsen die Kinder nackt und schmutzig zu diesem Gliederbau, zu dieser von uns bestaunten Größe heran. Die Mutter nährt ein jedes an der eigenen Brust, und man überläßt sie nicht Mägden oder Ammen. Herr und Knecht werden unterschiedslos ohne Zärtelei aufgezogen; unter demselben Vieh, auf demselben Erdboden verbringen sie ihre Zeit, bis das wehrhafte Alter die Freien absondert, ihre Tüchtigkeit sich geltend macht.

Spät beginnt beim jungen Manne der Liebesgenuß, und so ist die Zeugungskraft ungeschwächt. Auch mit den Mädchen eilt man nicht; ebenso groß ist die Jugendfrische, ähnlich der hohe Wuchs: den Männern gleich an Alter und Stärke, treten sie in die Ehe ein, und die Kraft der Eltern kehrt in den Kindern wieder. [...]

22. Gleich nach dem Schlafe, den sie häufig bis in den lichten Tag hinein ausdehnen, waschen sie sich, öfters warm, da bei ihnen die meiste Zeit Winter ist. Nach dem Waschen speisen sie; jeder hat einen Sitz für sich und einen eigenen Tisch. Dann gehen sie in Waffen an ihre Geschäfte und nicht minder oft zu Gelagen. Tag und Nacht durchzuzechen, ist für niemanden eine Schande. Streitigkeiten sind häufig (es handelt sich ja um Betrunkene); sie enden selten mit bloßen Schimpfreden, öfters mit Totschlag und Blutvergießen. Doch auch über die Aussöhnung mit Feinden, den Abschluß von Heiraten und die Wahl der Stammeshäupter, ja über Krieg und Frieden beraten sie sich vielfach bei Gelagen, als sei der Mensch zu keiner Zeit aufgeschlossener für unverstellte oder stärker entbrannt für erhabene Gedanken. Dieses Volk, ohne Falsch und Trug, offenbart noch stets bei zwanglosem Anlaß die Geheimnisse des Herzens; so liegt denn aller Gesinnung unverhüllt und offen da. Am folgenden Tage verhandeln sie nochmals, und beide Zeiten erfüllen ihren Zweck; sie beraten, wenn sie sich nicht zu verstellen wissen; sie beschließen, wenn sie sich nicht irren können.

Quelle: Tacitus: Germania. Übersetzung von Manfred Fuhrmann. Philipp Reclam jun. GmbH & Co., Stuttgart 1988. S. 5, 8, 12, 16, 18.

Anmerkung

1 Frame: germanischer Spieß für den Wurf- und Nahkampf

ERWARTUNGSHORIZONT

Info Die anschauliche Darstellung des Tacitus über seine Wahrnehmung der Germanen eignet sich ganz besonders zur Auseinandersetzung mit dem Selbst- und Fremdbild der Römer, weshalb Ausschnitte aus der *Germania* sicher auch bereits im Unterricht behandelt wurden. Damit es nicht zur Überschneidung von Unterrichts- und Klausurmaterial kommt, werden hier insgesamt fünf Ausschnitte der Germania vorgeschlagen, aus denen zwei für die Klausur auszuwählen sind. Für die Schüler hat dies den Vorteil, dass sie im Unterricht die Grundsätze der Quelleninterpretation an Tacitus' *Germania* üben und die erworbenen Kompetenzen in ihrer ersten Klausur am selben Autor, aber an einem neuen Textauszug nachweisen können. Zu empfehlen ist eine Länge des Klausurtextes von ca. 20 Zeilen.

Unterrichtliche Voraussetzungen:
- Ausbreitung des Imperium Romanum, speziell bezüglich der germanischen Provinzen
- Konstruktcharakter von Bezeichnungen wie „Germane", „Römer" und „Barbar"
- grundlegende Schritte der Interpretation von Textquellen (z. B. anhand von Caesar, *De Bello Gallico* oder Tacitus, *Germania*)
- Darstellung von Germanen in römischen Quellen im Hinblick auf Selbst- und Fremdbilder

■ INHALTLICHE LEISTUNG

Teilaufgabe 1

	Der Schüler/die Schülerin	maximal erreichbare Punkte	erreichte Punkte
a)	**analysiert die Quelle formal**		
1	benennt als **Autor** den römischen Senator und Historiker Publius Cornelius Tacitus, der ca. 58–120 n. Chr. lebte und Germanien vermutlich nie selbst bereist hat.	2	
2	benennt als **Adressaten** römische Bürger der gehobenen Schicht, also Aristokraten.	2	
3	charakterisiert die **Quellenart** als Schriftquelle sowie die **Textsorte** als Abhandlung über die Germanen.	4	
4	nimmt eine kurze **historische Einordnung** vor: Als Zeitgenosse Trajans schrieb Tacitus seine Abhandlung zur Zeit der größten Ausdehnung des römischen Reichs. Insbesondere an den Grenzen waren die Eroberer gezwungen, sich in teils friedlichen, oft aber auch konfliktreichen Begegnungen mit der Kultur fremder Völker auseinanderzusetzen.	4	
5	arbeitet das **Thema** heraus: Darstellung der **Lebensweise der Germanen/der militärischen Stärke der Germanen** (je nach Quellenausschnitt).	2	
6	arbeitet die **Intention** des Autors heraus: Der häufige Verweis auf anerkannte römische Tugenden lässt vermuten, dass Tacitus seine römischen Zeitgenossen bezüglich ihrer privaten und militärischen Sitten **moralisch ermahnen** wollte.	4	

b) gibt Inhalt und Gedankengang des Textauszugs wieder

7 nennt dabei z. B. die folgenden Aspekte: 22

körperliche Merkmale der Germanen (vgl. Z. 1–7)

- **Zustimmung** zu nicht näher spezifizierter Ansicht, dass die Germanen sich nicht mit anderen Stämmen vermischt hätten und rein geblieben seien (vgl. Z. 1 ff.)
- **Schlussfolgerung**, dass sich aus dieser Reinheit das einheitliche Erscheinungsbild erklären ließe (vgl. Z. 3 ff.)
- **Abwertung** der körperlichen Fähigkeiten der Germanen: Sie taugten nur zum Angriff, seien aber bei langen Anstrengungen nicht ausdauernd, insbesondere bei Durst und Hitze (vgl. Z. 5 ff.)

Werte der Germanen: Bedeutung der Familie/Sippe (vgl. Z. 8–18)

- **Betonung**, dass Tapferkeit aus dem Zusammenhalt der Sippe erwachse (vgl. Z. 8 f.)
- **Erläuterung**, dass die Familien in der Nähe des Schlachtfeldes seien und mit Emotionen, Krankenpflege und Zuspruch die Kämpfer unterstützten (vgl. Z. 9–13)
- **Untermauerung der Aussage** mit dramatischer Schilderung einer Schlachtszene, in der die germanischen Frauen ihre Männer flehend und mit nacktem Oberkörper zurück zum Kampf gedrängt hätten (vgl. Z. 13–17)
- **Schlussfolgerung** für die römische Kriegstaktik: Geiselnahme vornehmer Mädchen ein wirksames Mittel zur Kontrolle eines Stammes (vgl. Z. 17 f.)

Werte der Germanen: Verhältnis von Herren und Gefolge (vgl. Z. 19–34)

- **Schilderung** des Verhältnisses von Herr und Gefolgsmann in einer Schlacht: Von beiden werde erwartet, dass sie sich an Tapferkeit überbieten. (vgl. Z. 19 f.)
- **Betonung der besonderen Treue** des Gefolgsmannes: Er müsse den Herrn notfalls mit dem Leben beschützen und ihm auch den eigenen Ruhm widmen. (vgl. Z. 20–23)
  Fazit zur Hierarchie im Kampf: Während die Herren für den Sieg kämpften, kämpften die Gefolgsleute für ihre Herren. (vgl. Z. 23 f.)
- **Behauptung**, dass sich in Friedenszeiten junge Adlige anderen kriegführenden Stämmen anschlössen
  3 Begründungen: Germanen würden keine Ruhe mögen, den Ruhm suchen und Krieg für ihren Lebensunterhalt benötigen. (vgl. Z. 25–28)
- **Erläuterung der letzten Begründung:** Gefolgsleute erhielten vom Herrn ihr Pferd, ihre Waffe und Verpflegung, die auf den Beutezügen gewonnen würden (vgl. Z. 28–31)
- **Kontrast zur Feldarbeit**: Behauptung, dass Germanen lieber Krieg führten als ein Feld zu bestellen, was sogar geringgeschätzt werde (vgl. Z. 31–34)

Erziehung von Kindern und Jugendlichen (vgl. Z. 35–43)

- **Schilderung** einer spartanisch anmutenden, naturnahen Kindererziehung: nackte und schmutzige Kinder, Verzicht auf Zärtlichkeiten (vgl. Z. 35–38)
- **Betonung des Verhältnisses von Mutter und Kind:** Die Mutter kümmere sich selbst um die Versorgung ihres Nachwuchses und überlasse ihn keiner Amme. (vgl. Z. 36 f.)

- **Betonung der gleichen einfachen Erziehung** von Herren und Knechten (vgl. Z. 37 f.)
- **Behauptung**, die Liebe von Männern und Frauen beginne erst spät, was ihren eigenen Körper und den ihrer Kinder stärke (vgl. Z. 40–43)

Beratungen und Gelage (vgl. Z. 44–56)

- **Beschreibung des Tagesablaufs der Germanen:** langer Schlaf, sich waschen, essen, den Geschäften nachgehen oder sich zu Gelagen treffen (vgl. Z. 44–47); Betonung, dass Germanen zu ihren Geschäften sogar die Waffen mitnähmen
- **Schilderung der Gelage:** Teilnehmer seien in der Regel betrunken und gewalttätig, sodass die Gelage oft mit Totschlag endeten, aber im Kontrast dazu durchaus auch mit wichtigen Entscheidungen über Krieg und Frieden, mit Wahlen und Heiratsabschlüssen (vgl. Z. 49–52)
- **Erklärung**, dass solch wichtige Angelegenheiten wohl besser in der aufgeschlossenen, zwanglosen Atmosphäre der Gelage zu klären seien, weil man dann weder Lügen noch Betrug zu befürchten habe (vgl. Z. 49–54)
- **Erläuterung**, dass die Verhandlungen am nächsten Tag fortgeführt würden, um die Beschlüsse mit einem klaren Kopf fassen zu können (vgl. Z. 54 ff.)

Orientierung für eine 11 Punkten entsprechende Lösungsqualität:
Die Hauptaussagen der Quelle werden, z. B. auf der Grundlage einer Gliederung nach Sinnabschnitten im textdurchschreitenden Verfahren, zutreffend wiedergegeben.

Orientierung für eine 22 Punkten entsprechende Lösungsqualität:
Die Hauptaussagen der Quelle werden auf der Grundlage einer Gliederung differenziert herausgearbeitet, sodass Inhalt und gedanklicher Aufbau der Quelle präzise erfasst werden.

c) fasst die Charakteristika der Germanen zusammen

8 nennt dabei z. B. die folgenden, von Tacitus erwähnten Aspekte: 10

Merkmale der Germanen

- Reinheit des Stammes, da er sich nicht mit fremden Stämmen vermische (vgl. Z. 1 ff.)
- Aussehen: groß, blaue Augen, rötliches Haar, wild blickend (vgl. Z. 4 f.)
- körperliche Eigenschaften: tauglich für Angriffe, aber wenig Ausdauer bei Strapazen (vgl. Z. 5 ff.)

Werte der Germanen

- Tapferkeit, Sippenehre (vgl. Z. 8 f., 19 f.)
- Verehrung der Mütter und Ehefrauen (vgl. Z. 11 ff.)
- unbedingte Treue zum Herrn (vgl. Z. 20–23)
- kriegerisch (vgl. Z. 25 ff.)
- ruhmsüchtig (vgl. Z. 27)

Erziehung von Kindern und Jugendlichen

- spartanische Kindererziehung: nackt, schmutzig, roh (vgl. Z. 35 f.)
- Männer und Frauen voller Energie und (Zeugungs)Kraft (vgl. Z. 40 ff.)
- gleiche Erziehung von Herren und Untergebenen (vgl. Z. 37 ff.)

Beratungen und Gelage

- hemmungslos betrunken und gewalttätig bei Gelagen (vgl. Z. 47 ff.)
- aufrecht und ehrlich (vgl. Z. 52 f.)

	Orientierung für eine 5 Punkten entsprechende Lösungsqualität: Die genannten Charakteristika werden allgemein erfasst und mit ansatzweise eigenen Formulierungen dargestellt. *Orientierung für eine 10 Punkten entsprechende Lösungsqualität:* Die genannten Charakteristika werden präzise erfasst und mit eigenen Formulierungen komprimiert dargestellt.		
9	erfüllt ein weiteres aufgabenbezogenes Kriterium.	(2)	
	Summe erste Teilaufgabe	**50**	

Teilaufgabe 2

	Der Schüler/die Schülerin	maximal erreichbare Punkte	erreichte Punkte
1	erläutert unter Berücksichtigung seiner/ihrer Kenntnisse über das Selbst- und das Fremdbild der Römer, warum Tacitus die genannten Merkmale der Germanen hervorhebt. Dabei führt er/sie z. B. folgende Aspekte aus: **verzerrtes Fremdbild von Germanen** • Germanen werden fälschlicherweise nicht als diverse Volksgruppen, sondern als ein Volk wahrgenommen (Unwissenheit/Ignoranz gegenüber „Barbaren") **kritisches Selbstbild von Römern** • Tacitus beklagt Sittenverfall im Vielvölkerstaat Rom (vgl. „Mischehen" in Provinzen): Konstruktion einer vermeintlichen Reinheit der Germanen und Hervorhebung ihrer Tapferkeit, Einfachheit und Stärke (vgl. „Sittenspiegel-Theorie") • Selbstbild vieler Römer als zivilisiertes, ehrenhaftes Volk führte z. T. zum Verlust an Bodenständigkeit **Übertragung des tradierten Fremdbilds von „Barbaren" auf Germanen** • Begriff hat seinen Ursprung in griechischer Bezeichnung für fremde Völker • Assoziation mit Wildheit und Chaos • Bild des „edlen Wilden" • Rechtfertigung von Kriegszügen gegen „kampfeslustige" und damit gefährliche Germanen *Orientierung für eine 10 Punkten entsprechende Lösungsqualität:* Zwei Elemente werden in Grundzügen erläutert und zur Quelle in Beziehung gesetzt. Die Darstellung enthält keine wesentlichen sachlichen Mängel und weist grundlegende historische Kenntnisse nach. *Orientierung für eine 20 Punkten entsprechende Lösungsqualität:* Drei Elemente werden auf der Grundlage breiter historischer Kenntnisse detailliert erläutert. Die Darstellung ist frei von sachlichen Mängeln.	20	
2	erfüllt ein weiteres aufgabenbezogenes Kriterium.	(4)	
	Summe zweite Teilaufgabe	**20**	

Teilaufgabe 3

	Der Schüler/die Schülerin	maximal erreichbare Punkte	erreichte Punkte
1	prüft unter Berücksichtigung der Informationsquellen des antiken Autors, der Schlüssigkeit seiner Beschreibung und der Intention seiner Schrift die Zuverlässigkeit von Tacitus' Aussagen vor dem Hintergrund seiner Wertvorstellungen und seiner politischen Zugehörigkeit. Denkbar erscheinen z. B. folgende Aussagen: • wissenschaftliche **Differenzierung**, da Verhaltensweisen der Germanen sowohl positiv als auch negativ beschrieben werden • Wiedergabe der zum Teil **verfälschten Wahrnehmung von Zeitgenossen** wegen fehlender eigener Erfahrung mit den Germanen • **Widersprüche in der Darstellung:** einerseits Betonung der Stärke und Standhaftigkeit, andererseits Vorwurf des Müßiggangs • „**Sittenspiegel-Theorie**": Darstellung der Germanen, um römische Oberschicht an – möglicherweise in Vergessenheit geratene – Tugenden wie Standhaftigkeit, Ehrlichkeit, Mäßigung usw. zu erinnern **Fazit** Tacitus' *Germania* ist als eine der wenigen Schriftquellen über die Germanen zwar von großer Bedeutung, liefert aber kein zuverlässiges Bild von den Germanen im 1. Jh. n. Chr. *Orientierung für eine 5 Punkten entsprechende Lösungsqualität:* Der Schüler/die Schülerin gelangt unter Bezugnahme auf den Text zu einer eigenständigen Beurteilung, die in Ansätzen belegt wird. Die Darstellung enthält keine wesentlichen sachlichen Mängel. *Orientierung für eine 10 Punkten entsprechende Lösungsqualität:* Der Schüler/die Schülerin gelangt unter Bezugnahme auf den Text zu einer differenzierten Beurteilung, die schlüssig belegt wird. Die Darstellung enthält keine sachlichen Mängel.	10	
2	erfüllt ein weiteres aufgabenbezogenes Kriterium.	(2)	
	Summe dritte Teilaufgabe	**10**	
	Summe inhaltliche Leistung (Teilaufgabe 1 bis 3)	**80**	

■ **DARSTELLUNGSLEISTUNG von 20 BE (siehe Download)**

Die Begegnung zweier Kulturen während der Kreuzzüge

Name: ______________________ Datum: __________

Aufgabenstellung

1 Analysieren Sie den vorliegenden Textauszug

a nach formalen Gesichtspunkten und 10 BE

b bezüglich des gedanklichen Aufbaus der Darstellung. 30 BE

2 Erläutern Sie die religiösen Rechtfertigungen sowie „spezifische regionale und politische Interessen" (Z. 9) der Kreuzfahrer am Beispiel des Ersten Kreuzzugs. 20 BE

3 Nehmen Sie Stellung zu Cobbs Aussage, dass es sich bei den Kreuzzügen nicht um die „Geburtsstunde eines angeblich epochalen Zusammenpralls zwischen ‚Islam und Christentum'" (Z. 2 f.) gehandelt habe. Nutzen Sie zur Abwägung der Argumente Ihre Kenntnisse zu den Folgen der Kreuzzüge für Araber und Europäer. 20 BE

M **Paul M. Cobb: Der Kampf ums Paradies, 2015**

Der folgende Textauszug stammt aus dem Werk „Der Kampf ums Paradies. Eine islamische Geschichte der Kreuzzüge" des Autors Paul M. Cobb. Prof. Cobb lehrt seit 2008 an der University of Pennsylvania islamische Geschichte und setzt sich unter anderem mit den Beziehungen zwischen der islamischen Welt und dem Westen im Mittelalter auseinander.

Was die islamische Geschichte nicht erklären kann, ist die weit verbreitete moderne Darstellung der Kreuzzüge als Geburtsstunde eines angeblich epochalen Zusammenpralls zwischen „Islam und Christentum". So sehr fränkische[1] und muslimische Ideologen auch bemüht waren, ihre Konflikte als totalen Krieg gegen die Feinde Gottes darzustellen, und so sehr viele, vielleicht die meisten Franken und Muslime gehofft haben mögen, es sei so, war die Wirklichkeit doch eine ganz andere. Dies war kein Kampf Islam gegen Christentum, sondern bestenfalls ein Konflikt zwischen „fränkischen" Völkern einerseits und bestimmten muslimischen Gemeinschaften andererseits, in dem allgemeine Ansprüche auf religiöse Wahrheit oder einen Heiligen Krieg fast immer hinter spezifische regionale und politische Interessen zurücktraten. Tränenreiche Opfernarrative[2] werden der Vielfalt der Begegnungen, die dieses Buch beschrieben hat, dem jeweiligen Hintergrund und der Spezifität islamischer Erfahrungen mit den Kreuzzügen ebenso wenig gerecht wie heroische Triumphgeschichten. Schlimmer noch, beiderlei Übersteigerungen tun den nuancierteren[3], weniger dramatischen, aber dennoch authentischen Entscheidungen von Generationen mittelalterlicher Christen, Muslime und Juden, die an der Geschichte teilhatten, Unrecht. Die Kreuzzüge, aus welcher Perspektive man sie auch betrachtet, können moderne Konflikte nicht erklären, und ihre Motivation lässt sich nicht als Vorgeschichte oder Inspiration für zeitgenössische Auseinandersetzungen deuten. Mittelalterliche Muslime und Christen zogen für ihre eigenen Ideale und Ziele in den Krieg, nicht für unsere. […]

Denn die Kreuzzüge liefern uns nicht nur eine Geschichte der militärischen Konflikte zwischen zwei Widersachern Gottes, sondern sie erzählen von menschlichen Begegnungen: von Christen, Juden, Muslimen und Häretikern[4], von Normannen, Palermern[5], Provençalen[6], Granadinern[7], Jerusalemiten, Deutschen, Shaizaris[8] und Ungarn, um nur einige zu nennen. Hier, in der menschlichen Vielfalt des mittelalterlichen Mittelmeerraums, treten die Akteure dieser Geschehnisse am deutlichsten als Einzelne zu Tage, ob hochgesinnt oder weltlich, guten wie schlechten Entscheidungen unterworfen. Nähert man sich den Kreuzzügen aus dieser Fülle von Perspektiven, werden Menschen nicht als Helden und Schurken sichtbar, sondern als Mitmenschen, Angehörige von Familien, Verkörperung von Gemeinschaften, die sie formten, als kulturelle Wesen, die den Launen und Wechselfällen der Welt, die sie um sich schufen, ausgesetzt waren und deren hochfliegendes zivilisatorisches Wetteifern nur auf die unermüdlichen Bestrebungen rastloser Völker zurückging, die ringsum die Küsten eines kleinen Binnenmeeres bewohnten.

Quelle: Paul M. Cobb: Der Kampf ums Paradies. Eine islamische Geschichte der Kreuzzüge, übersetzt von Michael Sailer. WBG Darmstadt 2015. S. 347 ff.

Anmerkungen

1 fränkisch: dem mittelalterlichen Frankenreich zugehörig
2 Opfernarrative: Berichte über Konflikte aus der Sicht der Opfer
3 nuanciert: sehr differenziert
4 Häretiker: Gläubige, die von der offiziellen Kirchenlehre abweichen
5 Palermer: Bewohner der sizilianischen Stadt Palermo
6 Provençale: Bewohner der französischen Region Provence
7 Granadiner: Bewohner der spanischen Stadt Granada
8 Shaizaris: Bewohner der syrischen Grenzstadt Shaizar

ERWARTUNGSHORIZONT

Info

Paul M. Cobb wendet sich gegen eine Überzeichnung der Kreuzzüge als epochaler, religiöser oder gar kultureller Zusammenprall und stellt stattdessen die individuellen Interessen der Akteure in den Vordergrund. Das Material eignet sich daher für eine Auseinandersetzung mit den Folgen der Kreuzzüge und einen Vergleich mit anderen Historikerurteilen, die in einschlägigen Lehrbüchern der Einführungsphase oft zitiert werden (z. B. Runciman, Maalouf, Winkler, Jaspert, Asbridge).

Unterrichtliche Voraussetzungen:

- die Kreuzzugsbewegung vor dem Hintergrund ihrer gesellschaftlichen, sozialen, politischen und individuellen Voraussetzungen
- das Verhältnis zwischen christlich und islamisch geprägten Gesellschaften in ihrer gegenseitigen zeitgenössischen Wahrnehmung
- grundlegende Schritte der Analyse von historischen Darstellungen und der kritischen Auseinandersetzung damit
- Erklärungsmodelle für Entwicklungsdifferenzen zwischen islamisch und christlich geprägten Regionen sowie Begründungen für Krieg und Gewalt

INHALTLICHE LEISTUNG

Teilaufgabe 1

	Der Schüler/die Schülerin	maximal erreichbare Punkte	erreichte Punkte
a)	**analysiert den Auszug nach formalen Gesichtspunkten**		
1	bestimmt als **Autor** den amerikanischen Historiker Paul M. Cobb (Experte für islamische Geschichte) und die **Adressaten** als Historiker bzw. historisch interessierte Öffentlichkeit.	2	
2	charakterisiert den Text als **wissenschaftliche Darstellung** aus dem Werk *Der Kampf ums Paradies. Eine islamische Geschichte der Kreuzzüge* und nennt als **Erscheinungsdatum** das Jahr **2015**.	2	
3	erwähnt, dass der Text **thematisiert**, inwiefern die Kreuzzüge als Ursprung eines epochalen Konflikts zwischen „Islam“ und „Christentum“ bezeichnet werden können.	2	
4	nennt als **Schlussfolgerung/Aussageabsicht**, dass Cobb der gängigen Pauschalisierung der Kreuzzüge (als Beginn eines epochalen Konflikts) mit einer differenzierenden Einschätzung (regionaler, politischer, menschlicher Dimensionen) entgegentreten möchte.	4	
b)	**analysiert den gedanklichen Aufbau der Darstellung**		
5	gibt Inhalt und Gedankengang des Textes wieder, indem er/sie Hauptaussagen und Aufbau der Argumentation herausarbeitet, etwa: **Skepsis gegenüber der verbreiteten Auffassung von den Kreuzzügen** (vgl. Z. 1–9) • **Kritik** an verbreiteter Darstellung der Kreuzzüge als Beginn eines epochalen Zusammenpralls von Muslimen und Christen (vgl. Z. 1 ff.) • „Franken“ und Muslime hätten sich bemüht, ihren Konflikten einen höheren ideologischen Sinn in Form eines „totalen Krieg[s] gegen die	30	

	Feinde Gottes" (Z. 4) beizumessen, obwohl dies nicht den Tatsachen entspreche **Begründung:** In der Realität seien die Konflikte von regionalen und politischen Interessen geprägt gewesen, sodass ideologische Überhöhungen („religiöse Wahrheit", „Heilige[r] Krieg", Z. 8) zweitrangig gewesen seien. **Konsequenzen einer vereinfachten, undifferenzierten Betrachtung der Kreuzzüge** (vgl. Z. 9–18) • **Kritik**, dass einseitige Rekonstruktionen aus der Opferperspektive oder als Heldenverehrung den vielfältigen, tatsächlichen Entscheidungen der Handlungsträger nicht gerecht würden und ihnen sogar Unrecht täten • **Begründung:** Mittelalterliche Konflikte ließen sich nicht zur Klärung moderner Streitfragen heranziehen, da die „Ideale und Ziele" (Z. 18) der damaligen Konfliktgegner ganz andere gewesen seien. **Konsequenzen einer differenzierten Betrachtung der Kreuzzüge** (vgl. Z. 19–31) • Vielfalt menschlicher Begegnungen im Rahmen der Kreuzzüge • **multiperspektivische Betrachtung** des Konflikts reduziere die Beteiligten nicht auf den Kontrast von „Helden" und „Schurken", sondern betrachte sie als Menschen innerhalb ihrer jeweiligen Systeme (Familien, Gemeinschaften usw.), die sich im Rahmen ihrer kulturellen Gegebenheiten zu behaupten suchten *Orientierung für eine 15 Punkten entsprechende Lösungsqualität:* Die Hauptaussagen des Textes werden, z. B. auf der Grundlage einer Gliederung nach Sinnabschnitten im textdurchschreitenden Verfahren, zutreffend wiedergegeben. *Orientierung für eine 30 Punkten entsprechende Lösungsqualität:* Die Hauptaussagen des Textes werden auf der Grundlage einer Gliederung differenziert herausgearbeitet, sodass Inhalt und gedanklicher Aufbau präzise erfasst werden.		
6	erfüllt ein weiteres aufgabenbezogenes Kriterium.	(4)	
	Summe erste Teilaufgabe	**40**	

Teilaufgabe 2

	Der Schüler/die Schülerin	maximal erreichbare Punkte	erreichte Punkte
1	erläutert die religiösen Rechtfertigungen sowie die „spezifische[n] regionale[n] und politische[n] Interessen" (Z. 9) der Kreuzfahrer am Beispiel des Ersten Kreuzzugs. Dabei geht er/sie z. B. auf folgende Aspekte ein: **religiöse Rechtfertigung** • **christliche Pflicht** zur Unterstützung und Befreiung der eigenen Glaubensbrüder in Byzanz und Jerusalem • Pflicht, „ungläubige" **Muslime zu bekämpfen** und zu bestrafen • **Sorge um das eigene Seelenheil:** Hoffnung auf Sündenerlass	20	

	regionale und politische Interessen • **Interessen Papst Urbans II.:** Machtausbreitung in Richtung Byzanz, Machtsicherung für katholische Kirche im fränkischen Raum (Ambivalenz von geistlicher und weltlicher Macht, Kritik der Kirchenreformer) • **Fürsten:** Hoffnung auf neue Herrschaftsbereiche in eroberten Gebieten (Kreuzfahrerstaaten) angesichts wirtschaftlicher und politischer Anspannungen im Frankenreich • „**Kreuzzug der Armen**“: Hoffnung auf Abenteuer und Beute *Orientierung für eine 10 Punkten entsprechende Lösungsqualität:* Die Rechtfertigungen und Interessen werden mit den zugehörigen Fakten in groben Zügen erläutert. Die Darstellung enthält keine wesentlichen sachlichen Mängel und weist grundlegende historische Kenntnisse nach. *Orientierung für eine 20 Punkten entsprechende Lösungsqualität:* Die Rechtfertigungen und Interessen werden mit den zugehörigen Fakten differenziert und umfassend erläutert. Die Darstellung enthält keine sachlichen Fehler und weist vertiefte historische Kenntnisse nach.		
2	erfüllt ein weiteres aufgabenbezogenes Kriterium.	(4)	
	Summe zweite Teilaufgabe	**20**	

Teilaufgabe 3

	Der Schüler/die Schülerin	maximal erreichbare Punkte	erreichte Punkte
1	nimmt Stellung zur Aussage, dass die Kreuzzüge nicht die „Geburtsstunde eines angeblich epochalen Zusammenpralls zwischen ‚Islam und Christentum‘“ (Z. 2 f.) gewesen seien und berücksichtigt bei der abwägenden Argumentation die Folgen der Kreuzzüge für Araber und Europäer. Denkbar erscheinen z. B. folgende Aspekte: **zustimmend** • Kreuzzüge können insgesamt als **militärischer Fehlschlag** gesehen werden; daher kein nennenswerter Einfluss auf die Entwicklung Westeuropas (vgl. Steven Runciman) • Konflikte und friedliche Begegnungen sind älter als Kreuzzüge und entspringen **individuellen Interessen**; keine nennenswerte Auswirkung auf das Verhältnis von Arabern und Europäern (vgl. Thomas Asbridge) **relativierend** • **Kreuzzüge als Anfangspunkt der Konflikte** mit Auswirkungen bis in die Moderne: Kluft entstand aus Modernisierung Westeuropas durch arabische Einflüsse bei gleichzeitiger Stagnation im arabischen Raum (vgl. Amin Maalouf) • langfristige Verschärfung negativer Fremdwahrnehmung durch Kreuzzüge: Beitrag zu Selbstfindung im Christentum und Islam (Selbst- und Fremdwahrnehmung) und **Verstärkung der Kluft** anstelle des kulturellen Austauschs (vgl. Nicolas Jaspert) *Orientierung für eine 10 Punkten entsprechende Lösungsqualität:* Der Schüler/die Schülerin gelangt zu einer nachvollziehbaren Einschätzung, bei der ein zentraler Aspekt in Ansätzen geprüft und begründet wird.	20	

	Orientierung für eine 20 Punkten entsprechende Lösungsqualität: Der Schüler/die Schülerin entwickelt eine abwägende Einschätzung, bei der zwei Aspekte sachgerecht geprüft und differenziert begründet werden.		
2	erfüllt ein weiteres aufgabenbezogenes Kriterium.	(4)	
	Summe dritte Teilaufgabe	**20**	
	Summe inhaltliche Leistung (Teilaufgabe 1 bis 3)	**80**	

■ **DARSTELLUNGSLEISTUNG von 20 BE (siehe Download)**

Die Durchsetzung der Menschenrechte während der Französischen Revolution

Name: ______________________ Datum: __________

Aufgabenstellung

1 Analysieren Sie die Quelle formal und inhaltlich. 40 BE

2 Erläutern Sie die revolutionären Ereignisse von 1789 bis 1793 in Frankreich, die Cotta in seiner Schrift erwähnt. 20 BE

3 Beurteilen Sie Cottas Einschätzung „So ist in Frankreich alles dahin eingerichtet, daß jeder Inwohner sicher, von andern unabhängig und in seinem Gewerbe ungestört zufrieden und glücklich leben kann" (Z. 26 f.). Nutzen Sie dazu Ihre Kenntnisse über die Entwicklung der Revolution bis 1793. 20 BE

M Christoph Friedrich Cotta: Von der Staatsverfassung in Frankreich, um 1793

Christoph Friedrich Cotta (1758–1838) war Jurist und überzeugter Anhänger der Französischen Revolution. Um seine deutschen Zeitgenossen von den neuen politischen Ideen zu überzeugen, gab er ab 1792 das „Straßburger politische Journal für Aufklärung und Freiheit" heraus. Um 1793 veröffentlichte er die Schrift „Von der Staatsverfassung in Frankreich zum Unterrichte für die Bürger und Bewohner im Erzbisthume Mainz und den Bisthümern Worms und Speier", aus der der folgende Auszug stammt.

Liebe Leute!

Ihr habt zeither so viel von der Staatsverfassung oder von der Konstitution in Frankreich gehört; ein Teil hat sie verachtet, der größere aber hat sie gelobt. Ihr müßt doch einmal wissen, worin sie bestehet; Ihr mögt dann selbst urteilen, ob sie gut, ob sie nicht besser sei als Eure zeitherige.

In Frankreich sind alle Menschen frei. Also gibt es da keine Leibeigene. Auch ist kein Mensch Herr des andern, und sogar der Dienstherr hat vom Bedienten oder Knecht nur in Dienstsachen zu verlangen, was im Dienstkontrakte[1] ausgemacht worden ist.

In Frankreich sind alle Menschen gleich an Rechten. Der Sohn eines Landbauern kann also, wenn er geschickt dazu ist, ebensogut Minister oder Erzbischof werden als wie der Sohn eines Königs […]. Auch hat in Frankreich ein sogenannter Edelmann oder Graf gar keinen Vorzug wegen seiner Geburt vor dem Handwerker; der arme Bürger findet vor dem Richter ebensoviel Recht wie der reichste, und dieser wird, wenn er Strafe verdient, ebenso gestraft als der arme. Eben darum, weil alle Menschen gleich sind, ist in Frankreich der Adel mit allen seinen Vorzügen auf ewig abgeschafft worden. […]

Kein Mensch kann in Frankreich anders als nach Urteil und Recht gerichtet werden. Die Minister müssen Sorge tragen, daß die Gesetze im ganzen Reiche vollzogen werden, daß überall Friede, Ruhe und Ordnung herrschet, daß Handel und Wandel nicht gestöret wird, besonders, daß die Lebensmittel überall frei können hingeführt werden, auch daß die Beamten alle ihre Schuldigkeit tun und so weiter. […] Sonst war aber den Ministern in Frankreich noch ein König, aber auch der wurde abgesetzt, weil er seinen Dienst nur zum Schaden des Volkes versah, und das Volk schaffte ein so überflüssiges, teures und für die Freiheit gefährliches Amt, als das Amt eines Königs oder Fürsten ist, ganz ab. Daher heißt Frankreich itzt[2] eine Republik, weil zu allen Ämtern nur Bürger auf eine Zeitlang gewählt werden, um das Beste ihrer Mitbürger zu besorgen, und im Falle, daß sie das nicht tun, ohne Unterschied abgesetzt und gestraft werden können.

So ist in Frankreich alles dahin eingerichtet, daß jeder Inwohner[3] sicher, von andern unabhängig und in seinem Gewerbe[4] ungestört zufrieden und glücklich leben kann.

Es lebe das fränkische[5] Volk! Es lebe die Freiheit und Gleichheit!

Quelle: Christoph Friedrich Cotta, Von der Staatsverfassung in Frankreich (um 1793), abgedruckt in: C. Träger (Hg.), Mainz zwischen Rot und Schwartz. Berlin: Rütten & Leoning, 1963, S. 243–248. www.germanhistory.doc

Anmerkungen

1 Dienstkontrakt: Dienstvertrag
2 itzt: veraltetes Wort für „jetzt"
3 Inwohner: Einwohner
4 in seinem Gewerbe: bei seinem Handeln, in seinen Angelegenheiten
5 fränkisch: hier „französisch"

ERWARTUNGSHORIZONT

Info Diesem Klausurvorschlag liegt eine Schrift des deutschen Juristen Christoph Friedrich Cotta zugrunde, der darin die Ereignisse der Französischen Revolution glorifiziert. Damit ist der Text besonders geeignet, um Cottas Einschätzung mit den tatsächlichen Ereignissen der Republikgründung bis 1793 abzugleichen.

Unterrichtliche Voraussetzungen:

- Verlauf der Französischen Revolution, insbesondere ihre liberalen Anfänge und ihre Radikalisierung bis 1793
- grundlegende Schritte der Interpretation von Textquellen (z. B. Erklärung der Menschen- und Bürgerrechte, Reden Robespierres, Diskussion um die Hinrichtung des Königs)
- Beurteilung der Positionen und Motive der jeweiligen historischen Akteure in der Französischen Revolution aus zeitgenössischer und gegenwärtiger Sicht

■ INHALTLICHE LEISTUNG

Teilaufgabe 1

	Der Schüler/die Schülerin	maximal erreichbare Punkte	erreichte Punkte
1	benennt als **Autor** den deutschen Juristen Christoph Friedrich Cotta und als **Adressaten** die Bürger und Bewohner von Mainz, Worms und Speyer.	2	
2	charakterisiert die **Quellenart** als schriftliche Quelle und die **Textsorte** als politische Schrift.	2	
3	nimmt eine kurze **historische Einordnung** vor: direkte Eindrücke von den revolutionären Erhebungen in der liberalen Phase und der anschließenden Radikalisierung, insbesondere von der Absetzung Ludwigs XVI.	2	
4	arbeitet das **Thema** heraus: Erläuterung zur errungenen Freiheit und Gleichheit in Frankreich 1793	4	
5	geht auf die **Intention** des Autors ein: Zustimmung zur Revolution in Frankreich erzeugen und evtl. zu ähnlichem Handeln in Deutschland anregen	4	
6	gibt **Inhalt und Gedankengang** des Textes wieder, indem er/sie folgende zentrale Aussagen herausarbeitet: **Ankündigung des Vorhabens** (vgl. Z. 1–4) • Klärung seines Anliegens gegenüber Adressaten: **Erläuterung der Verfassung**, damit Menschen sich selbst ein Urteil darüber bilden können **Die Grundsätze von Freiheit und Gleichheit in Frankreich** • Behauptung, dass in Frankreich **alle Menschen frei** seien, und Erläuterung der Behauptung (vgl. Z. 5 ff.): Abschaffung der Leibeigenschaft und vertragliche Regelung der Dienstverhältnisse („Herr“ nur in Bezug auf den Dienst, nicht bezüglich der Person)	26	

- Behauptung, dass in Frankreich **alle Menschen gleich an Rechten** seien, und Erläuterung der Behauptung (vgl. Z. 8–14): Vergabe von Ämtern nicht nach Geburtsrecht, sondern nach persönlichem Geschick; Strafen unabhängig von Rang und Reichtum → **Begründung:** Abschaffung der Adelsprivilegien

Der Gerechtigkeitsgrundsatz in der Praxis (vgl. Z. 15–22)
- Übertragung der Gerechtigkeit von persönlichen auf politische Verhältnisse:
  - **Verantwortlichkeit der Minister** für Realisierung der Verfassung (vgl. Z. 15–19)
  - **Absetzung des Königs**, dessen Amt und Dienst dem Volk mehr Schaden als Nutzen zugefügt hätten (vgl. Z. 19 ff.)

Konsequenzen für die Politik und die Bewohner Frankreichs (vgl. Z. 22–27)
- Fazit über **politische Situation:** Frankreich sei eine Republik, da alle politischen Ämter zeitlich begrenzt seien und nur dem Wohl des Volks dienen dürften (vgl. Z. 22–25).
- Fazit für **Bewohner:** Unabhängigkeit und Möglichkeit für alle, ein zufriedenes Leben zu führen (vgl. Z. 26 f.)

Abschließender Aufruf (vgl. Z. 28)
- Lob an die Franzosen und die Ideen der Freiheit und Gleichheit

Orientierung für eine 13 Punkten entsprechende Lösungsqualität:
Die Hauptaussagen der Quelle werden, z. B. auf der Grundlage einer Gliederung nach Sinnabschnitten im textdurchschreitenden Verfahren, zutreffend wiedergegeben.

Orientierung für eine 26 Punkten entsprechende Lösungsqualität:
Die Hauptaussagen der Quelle werden auf der Grundlage einer Gliederung differenziert herausgearbeitet, sodass Inhalt und gedanklicher Aufbau der Quelle präzise erfasst werden.

7	erfüllt ein weiteres aufgabenbezogenes Kriterium.	(2)	
	Summe erste Teilaufgabe	**40**	

Teilaufgabe 2

	Der Schüler/die Schülerin	maximal erreichbare Punkte	erreichte Punkte
1	legt die revolutionären Ereignisse von 1789 bis 1793 dar, die Cotta in seiner Schrift erwähnt. Dabei werden z. B. die folgenden Aspekte ausgeführt:	20	

- „In Frankreich sind alle Menschen frei.“ (Z. 5); „In Frankreich sind alle Menschen gleich an Rechten.“ (Z. 8)
  - Bezug zur **liberalen Phase der Revolution:** Abschaffung der Adelsprivilegien (4./5. August 1789), Erklärung der Menschen- und Bürgerrechte (Rechtsgleichheit, Freiheit, Steuergleichheit usw.) am 26. August 1789
- „Sonst war […] noch ein König, aber auch der wurde abgesetzt, weil er seinen Dienst nur zum Schaden des Volkes versah“ (Z. 19 f.)
  - Fluchtversuch des Königs (20./21. Juni 1791)
  - konstitutionelle Monarchie (3. September 1791)

	– **Radikalisierung** durch Kriegsereignisse, Zweifel an Loyalität des Königs und schlechte Lebensverhältnisse • „Daher heißt Frankreich itzt eine Republik“ (Z. 22) – Abschaffung der Monarchie und **Erklärung der Republik** (21./22. September 1792) *Orientierung für eine 10 Punkten entsprechende Lösungsqualität:* Drei Elemente zum Ablauf der revolutionären Ereignisse werden in Grundzügen erläutert und zur Quelle in Beziehung gesetzt. Die Darstellung enthält keine wesentlichen sachlichen Mängel und weist grundlegende historische Kenntnisse nach. *Orientierung für eine 20 Punkten entsprechende Lösungsqualität:* Fünf Elemente zum Ablauf der revolutionären Ereignisse werden auf der Grundlage breiter historischer Kenntnisse detailliert erläutert und zur Quelle in Beziehung gesetzt. Die Darstellung ist frei von sachlichen Mängeln.		
2	erfüllt ein weiteres aufgabenbezogenes Kriterium.	(4)	
	Summe zweite Teilaufgabe	**20**	

Teilaufgabe 3

	Der Schüler/die Schülerin	maximal erreichbare Punkte	erreichte Punkte
1	beurteilt unter Nutzung seiner/ihrer Kenntnisse über die Entwicklung der Revolution bis 1793 Cottas Einschätzung. Dabei werden z. B. die folgenden Aspekte ausgeführt: **zustimmend** • Errungenschaften der liberalen Phase der Revolution: **Erklärung der Menschen- und Bürgerrechte** als Garanten für genannte Freiheiten • **Absetzung des Königs** demonstriert reale Macht des Volks gegenüber dem Souverän • **Erklärung der Republik** hat 1792 tatsächlich stattgefunden **relativierend** • republikanische **Verfassung trat nie** wirklich **in Kraft** • **Terrorherrschaft** als Folge der radikalen Phase der Revolution: fehlende Sicherheit, da jeder als Revolutionsgegner bezeichnet und hingerichtet werden konnte • **Krieg und schwierige Lage** anstelle von „Friede, Ruhe und Ordnung“ (Z. 17) → kein zufriedenes, glückliches Leben **Fazit** Auf dem Papier gelten die Ideale Freiheit und Gleichheit, in der Realität der radikalen Phase und der Terrorherrschaft trifft Cottas Einschätzung nicht zu. **Prüfung der Absicht und der Bedeutung der Quelle im Gesamtzusammenhang** • **Glorifizierung** der revolutionären Ereignisse durch Cotta trotz der erlebten Gewalt, vermutlich um seine deutschen Freunde für ähnliche Aktionen zu begeistern • Veröffentlichung der Schrift als **Antrieb für** Protestaktionen von **Gleichgesinnten** in Deutschland gegen die Fürstenherrschaft	20	

	Orientierung für eine 10 Punkten entsprechende Lösungsqualität: Der Schüler/die Schülerin gelangt unter Bezugnahme auf den Text zu einer eigenständigen Beurteilung, die mit zwei Argumenten gestützt wird. Die Darstellung enthält keine wesentlichen sachlichen Mängel. *Orientierung für eine 20 Punkten entsprechende Lösungsqualität:* Der Schüler/die Schülerin gelangt unter Bezugnahme auf den Text zu einer differenzierten eigenständigen Beurteilung. Dabei werden vier Argumente auch abwägend berücksichtigt. Die Darstellung enthält keine sachlichen Mängel.		
2	erfüllt ein weiteres aufgabenbezogenes Kriterium.	(2)	
	Summe dritte Teilaufgabe	**20**	
	Summe inhaltliche Leistung (Teilaufgabe 1 bis 3)	**80**	

■ **DARSTELLUNGSLEISTUNG von 20 BE (siehe Download)**

Modernisierungsprozesse um 1900

Name: ______________________ Datum: __________

Aufgabenstellung

Interpretieren Sie die Quelle, indem Sie

1 sie analysieren, 28 BE

2 die Aussagen des Textes vor dem Hintergrund der technologischen, wirtschaftlichen und gesellschaftlichen Entwicklung der Zweiten Industriellen Revolution in Europa erläutern (18 BE) und die Haltung des Verfassers zu der von ihm beschriebenen Entwicklung charakterisieren (10 BE) sowie 28 BE

3 Stellung zu der Position von Millerand nehmen. Gehen Sie dabei speziell auf seine Haltung zur Arbeit als „Befreierin" (Z. 20) ein. 24 BE

M Alexandre Millerand[1]: Eröffnung der Weltausstellung[2] in Paris, 1900

Die Maschine ist Beherrscherin des ganzen Erdballs geworden. Sie ersetzt die Arbeiter, sie macht sie sich zur Mitarbeit dienstbar und vervielfältigt die Beziehungen der Völker. Der Tod selbst ist zurückgewichen vor dem siegreichen Fortschritt des Menschengeistes. Die medicinische Wissenschaft schreitet weiter dank dem Genie eines Pasteur[3], aber die Wissenschaft erweist dem Menschen einen noch bedeutsameren Dienst. Sie gibt ihm das Geheimnis für die materielle und moralische Größe der Staaten in die Hände, das in dem einen Worte „Solidarität" enthalten ist. Die Einrichtungen zur Vorsorge für Alter und für Krankheitsfälle, die Wohlfahrtseinrichtungen, überhaupt alles, was dazu bestimmt ist, die einzelnen Gruppen zu einem festen Ganzen zu verschmelzen, um so der dem einzelnen Individuum innewohnenden Schwäche Widerstand zu leisten, das alles legt Zeugnis ab von der Solidarität der Menschheit. Diese Solidarität hat sich zum Ziele gesetzt, im Schoße jeder Nation die verletzenden Ungleichheiten zu mildern, die aus der Natur der Dinge und aus der Gesellschaftsordnung sich ergeben. Sie erstrebt eine Einigung in den Banden wirklicher Brüderlichkeit. Ihre Wirkungen machen an den Grenzen nicht Halt. Interessen, Ideen, Gefühle mischen und durchkreuzen sich überall auf dem Erdball, wie jene dünnen Drähte, auf denen der menschliche Gedanke mit Blitzesschnelle dahinfliegt. Je mehr sich die aus der Vielfältigkeit der Bedürfnisse und aus der Leichtigkeit des Austausches hervorgegangenen internationalen Beziehungen ineinander schlingen, umso mehr haben wir Grund zu hoffen und zu wünschen, dass der Tag kommen wird, an dem die Welt erkennt, dass Frieden und ruhmreiche Kämpfe der Arbeit mehr Nutzen bringen, als Rivalitäten. Arbeit, du Befreierin! Du bist es, die uns adelt, die uns tröstet. Unter deinen Schritten schwindet die Unwissenheit, flieht das Böse. Durch dich wird die Menschheit aus der Knechtschaft der Finsternis befreit!

Quelle: Das XIX. Jahrhundert in Wort und Bild. Berlin 1900. S. 18 f.
http://site.expo2000.de/expo2000/geschichte/detail.php?wa_id=8&lang=2&s_typ=21

Anmerkungen

1 Alexandre Millerand (1859–1943): aus einfachen Verhältnissen stammender, einflussreicher französischer Politiker der Sozialisten; 1900 französischer Handelsminister

2 Weltausstellung: Ausstellung, die sich in der Zeit der Industrialisierung als technische und kunsthandwerkliche Leistungsschau etablieren konnte

3 Louis Pasteur (1822–1895): französischer Chemiker und Mikrobiologe, der entscheidende Beiträge zur Vorbeugung von Infektionskrankheiten durch Impfung geleistet hat

ERWARTUNGSHORIZONT

Info In der vorliegenden Rede glorifiziert Millerand die seiner Ansicht nach überwältigend positive soziale Wirkung des wissenschaftlich-technischen Fortschritts im Rahmen der Zweiten Industriellen Revolution. Damit eignet sich der Text besonders, um Millerands Einschätzung mit den tatsächlichen, ambivalenten Folgen der Industrialisierung, speziell im Hinblick auf die Veränderungen der Arbeitswelt, abzugleichen.

Unterrichtliche Voraussetzungen:

- Begriff der Industriellen Revolution, Merkmale und Auswirkungen der Zweiten Industriellen Revolution (Modernisierungsprozesse in den Bereichen Bevölkerung, Technik, Arbeit, soziale Sicherheit, Verkehr und Umwelt; die Veränderung der Lebenswirklichkeit unterschiedlicher sozialer Schichten und Gruppen), das zeitgenössische Fortschrittsparadigma und dessen Problematisierung
- grundlegende Schritte der Interpretation von Textquellen
- Beurteilung damaliger Positionen zum technischen Fortschritt aus zeitgenössischer und heutiger Sicht

■ INHALTLICHE LEISTUNG

Teilaufgabe 1

	Der Schüler/die Schülerin	maximal erreichbare Punkte	erreichte Punkte
1	benennt als **Autor** den französischen Handelsminister Millerand und als **Adressaten** die Teilnehmer der Eröffnungsfeier der Weltausstellung bzw. im weiteren Sinne die zeitgenössische Öffentlichkeit.	2	
2	charakterisiert die **Quellenart** als schriftliche Quelle und die **Textsorte** als Abschrift einer öffentlichen Rede.	2	
3	nimmt eine kurze **historische Einordnung** vor: Die Zweite Industrielle Revolution setzte im letzten Viertel des 19. Jahrhunderts ein und hatte mit ihren neuen Formen des wissenschaftlich-technischen Fortschritts Auswirkungen auf die Arbeits- und Lebenswelt. Weltausstellungen dienten als Präsentationsform des industriellen Fortschritts und als volkswirtschaftlich-kulturelle Leistungsschauen.	4	
4	nennt das **Thema** des Textes: Auswirkungen der Industrialisierung und des wissenschaftlich-technischen Fortschritts auf Politik und Gesellschaft	2	
5	arbeitet die **Intention** des Autors heraus: Propagierung eines positiven Blicks auf die Industrialisierung und auf die mit ihr verbundene Globalisierung als Beförderung von Solidarität und menschlichem Wohlergehen.	4	
6	gibt **Inhalt und Gedankengang** des Textes wieder, indem er/sie als zentrale Aussagen herausarbeitet: **Hervorhebung der globalen Bedeutung der Maschine und des Fortschritts des menschlichen Geistes** • Maschine beherrsche die ganze Welt, ersetze und verändere die Arbeiter bzw. die Arbeitswelt und intensiviere die Beziehung zwischen den Völkern (vgl. Z. 1 f.) • Fortschritte in Wissenschaft und Medizin (vgl. Z. 2–5)	14	

	Betonung der internationalen Wirkung von Solidarität als wesentliches Merkmal des Fortschritts • Entstehung vielfältiger sozialer Einrichtungen, z. B. zur Vorsorge im Falle von Krankheit und Alter (vgl. Z. 7 f.) • Abmilderung von Ungleichheiten (vgl. Z. 10 ff.) • Förderung des (internationalen) Zusammenhalts (vgl. Z. 13 ff.) **Arbeit als „Befreierin"** (Z. 20) • Entwicklung einer Vision von Frieden und Überwindung der Unwissenheit und des Bösen durch weltweiten Austausch sowie die Vermischung von Ideen, Interessen und Gefühlen (vgl. Z. 14–22) *Orientierung für eine 7 Punkten entsprechende Lösungsqualität:* Die Hauptaussagen der Quelle werden, z. B. auf der Grundlage einer Gliederung nach Sinnabschnitten im textdurchschreitenden Verfahren, zutreffend wiedergegeben. *Orientierung für eine 14 Punkten entsprechende Lösungsqualität:* Die Hauptaussagen des Textes werden auf der Grundlage einer Gliederung differenziert herausgearbeitet, sodass Inhalt und gedanklicher Aufbau präzise erfasst werden.		
7	erfüllt ein weiteres aufgabenbezogenes Kriterium.	(2)	
	Summe erste Teilaufgabe	**28**	

Teilaufgabe 2

	Der Schüler/die Schülerin	maximal erreichbare Punkte	erreichte Punkte
1	erläutert die Aussagen des Textes vor dem Hintergrund der technologischen, wirtschaftlichen und gesellschaftlichen Entwicklung der Zweiten Industriellen Revolution in Europa, indem z. B. zu folgenden Sachverhalten ein Zusammenhang hergestellt wird: **technologische Entwicklungen** in der Zweiten Industriellen Revolution, die die Produktion und den globalen Austausch von Gütern (und Informationen) erleichterten bzw. gar erst ermöglichten • **Innovationen** im Energiewesen, v. a. in der Elektroindustrie und in der Chemie • revolutionäre Entwicklungen in der **Kommunikationstechnologie** • die „**Transportrevolution**" (u. a. dampfgetriebene Schiffe aus Stahl, Kühlschiffe) • Entstehung von firmeneigenen **Forschungs- und Entwicklungseinrichtungen** **wirtschaftliche Entwicklungen**, die mit den technologischen Veränderungen in Zusammenhang standen und das Wirtschaftswachstum beförderten • wachsende **weltwirtschaftliche Verflechtung:** rasante Ausweitung des Welthandels und stärkere Durchsetzung des Freihandels • Entwicklung zu großen **Aktiengesellschaften** und zur wirtschaftlichen Konzentration **gesellschaftliche Entwicklungen**, die zu einem z. T. dramatischen Wandel der Lebensverhältnisse und der sozialen Strukturen in den Industriestaaten und auch zu neuen sozialen Problemen (Soziale Frage) führten	18	

	• Veränderung der Sozialstruktur zu einer **kapitalistischen Industriegesellschaft** in Verbindung mit sozialer Ungleichheit • problematische Veränderungen der **Arbeitsbedingungen**, z. B. Schichtarbeit, mangelnder Arbeitsschutz bei zunehmendem Einsatz von großen Maschinen, lange Arbeitszeiten, kaum freie Tage • Probleme des nicht ohne Brüche verlaufenden industriellen Wachstums, z. B. konjunkturelle und strukturelle **Arbeitslosigkeit** • rasche **Urbanisierung** und damit verbundene Probleme, z. B. Wohnungsnot • **nur allmähliche Verbesserungen** durch Lösungsversuche der Sozialen Frage (vgl. Bismarcks Sozialgesetzgebung) *Orientierung für eine 9 Punkten entsprechende Lösungsqualität:* Jeweils ein Sachverhalt aus den drei Bereichen wird in Grundzügen erläutert und zur Quelle in Beziehung gesetzt. Die Darstellung enthält keine wesentlichen sachlichen Mängel und weist grundlegende historische Kenntnisse nach. *Orientierung für eine 18 Punkten entsprechende Lösungsqualität:* Jeweils zwei Sachverhalte aus jedem Bereich werden auf der Grundlage breiter historischer Kenntnisse detailliert erläutert. Die Darstellung ist frei von sachlichen Mängeln.		
2	charakterisiert unter Bezugnahme auf den Text die **Haltung des Verfassers** zu der von ihm beschriebenen Entwicklung als **sehr fortschrittsoptimistisch**, v. a. im Hinblick auf weltweite politische und soziale Entwicklungen unter dem Leitbegriff der Solidarität. Dabei werden z. B. folgende Aspekte berücksichtigt: • sehr positiver Blick Millerands auf die industrielle Arbeitswelt und ihre Auswirkungen auf die Arbeiter (vgl. Z. 2–7 bzw. Z. 20) • Lob des wissenschaftlichen Fortschritts (vgl. Z. 2–7) • starke Hervorhebung der Förderung weltweiter **Solidarität** und sozialer Verbesserungen (vgl. Z. 7–12) • **Zuversicht** hinsichtlich einer Milderung der sozialen Ungleichheit (vgl. Z. 10 ff.) • positive Sicht auf die Verbesserung der internationalen Beziehungen und die **Durchsetzung des Friedens** (vgl. Z. 16–19) • **Hoffnung** nicht nur auf Verbreitung von Wissen, sondern auch **auf moralischen Fortschritt** (vgl. Z. 20 ff.) *Orientierung für eine 5 Punkten entsprechende Lösungsqualität:* Die Grundhaltung (Fortschrittsoptimismus) wird benannt und zwei Aspekte werden in Grundzügen erläutert sowie sinnvoll zur Quelle in Beziehung gesetzt. Die Darstellung enthält keine wesentlichen sachlichen Mängel. *Orientierung für eine 10 Punkten entsprechende Lösungsqualität:* Die Grundhaltung (Fortschrittsoptimismus) wird benannt und spezifiziert (Erwartung positiver politischer und sozialer Entwicklungen weltweit unter dem Leitbegriff der Solidarität). Diese Haltung wird an mindestens drei Aspekten erläutert und schlüssig auf die Aussagen der Quelle bezogen. Die Darstellung enthält keine sachlichen Fehler.	10	
3	erfüllt ein weiteres aufgabenbezogenes Kriterium.	(4)	
	Summe zweite Teilaufgabe	**28**	

Teilaufgabe 3

	Der Schüler/die Schülerin	maximal erreichbare Punkte	erreichte Punkte
1	nimmt Stellung zu der Position von Millerand und geht dabei speziell auf seine Haltung zur Arbeit als „Befreierin" (Z. 20) ein. Dabei werden z. B. folgende Aspekte thematisiert: **zustimmend** • allmählicher **Rückgang körperlicher Arbeit** durch Mechanisierung • **wirtschaftliches Wachstum** aufgrund von Industrialisierung und Globalisierung, was langfristig auch den meisten Arbeitern in den Industrieländern zugutekam • tatsächlich **verbesserte Lebensmöglichkeiten** für viele durch den wissenschaftlichen Fortschritt • von Millerand erwähnte **sozialpolitische Ansätze** • Möglichkeiten zu **größerer Mobilität** für viele Menschen **relativierend** • **einseitig positive Haltung** zur industriellen Arbeit als „Befreierin" • **negative soziale Folgen** des raschen Wachstums • weiterhin **soziale Ungleichheit** in den kapitalistischen Industriestaaten • negative **ökologische Folgen** des industriellen Wachstums • **ungleiche Wirtschaftsbeziehungen** zwischen kapitalkräftigen Industriestaaten und nur wenig industrialisierten Ländern des Südens • Millerands Hoffnung auf Frieden und moralischen Fortschritt wurde durch die Geschichte nach 1900 (Weltkriege, staatlich organisierter Massenmord u. a.) grausam widerlegt, wobei gerade der von Millerand gepriesene technische Fortschritt oft **neue zerstörerische Möglichkeiten** eröffnete. **Fazit** Millerand hebt eine Reihe von Entwicklungen hervor, die zu spürbaren Verbesserungen im Leben weiter Teile der Bevölkerung geführt haben. Jedoch ist sein Text insgesamt sehr euphorisch und fortschrittsgläubig und klammert sämtliche Probleme der Modernisierung aus. *Orientierung für eine 12 Punkten entsprechende Lösungsqualität:* Der Schüler führt mit erkennbarem Bezug auf den Text insgesamt mindestens drei Aspekte an und kommt ansatzweise zu einer Problematisierung. Die Argumentation ist nachvollziehbar und enthält keine schwerwiegenden sachlichen Mängel. *Orientierung für eine 24 Punkten entsprechende Lösungsqualität:* Der Schüler führt unter vertiefter Bezugnahme auf den Text insgesamt mindestens vier Aspekte an, wobei beide Argumentationsrichtungen angemessen berücksichtigt sind. Die Argumentation enthält keine sachlichen Fehler.	24	
2	erfüllt ein weiteres aufgabenbezogenes Kriterium.	(2)	
	Summe dritte Teilaufgabe	**24**	
	Summe inhaltliche Leistung (Teilaufgabe 1 bis 3)	**80**	

■ **DARSTELLUNGSLEISTUNG von 20 BE (siehe Download)**

Die Herrschaft des Nationalsozialismus in Deutschland und Europa

Name: ______________________ Datum: __________

Aufgabenstellung

Interpretieren Sie die Quelle, indem Sie

1 sie analysieren, 24 BE

2 sie in den historischen Kontext einordnen (12 BE) und die Bedeutung der zentralen Bildelemente erläutern (16 BE), 28 BE

3 die in der Karikatur zum Ausdruck gebrachte Sichtweise beurteilen. 28 BE

M **Karikatur eines anonymen Zeichners: To the Dark Ages, 2. April 1933**

Beschriftung des Schildes: In dunkle Zeiten/Ins Mittelalter
akg-images

Anmerkungen

The New York Times: 1851 gegründete überregionale Tageszeitung mit Sitz in New York, in der die Karikatur am 2. April 1933 erstmals veröffentlicht wurde; herausgegeben wurde die Karikatur außerdem 1934 von Ernst Hanfstaengl (1887–1975) in einem seiner Bände *Tat gegen Tinte. Hitler in der Karikatur der Welt*, in denen er zeitgenössische politische Karikaturen der Gegner des Nationalsozialismus sammelte und im Sinne Hitlers umdeutete oder kommentierte. Nach 1934 distanzierte sich Hanfstaengl zunehmend von Hitler und emigrierte schließlich 1937 in die USA.

ERWARTUNGSHORIZONT

Info Der unbekannte Zeichner der Karikatur bedient sich der Germaniafigur als Symbol für die deutsche Bevölkerung bzw. für Deutschland im Jahr 1933. Die Karikatur eignet sich daher besonders als Klausurmaterial, wenn die Schüler bereits mit verschiedenen Facetten der Germania vertraut gemacht wurden. Andernfalls sollte dem Material ein ergänzender Hinweis hinzugefügt werden.

Unterrichtliche Voraussetzungen:

- lang- und kurzfristig wirksame Gründe für das Scheitern der Weimarer Republik sowie für den Aufstieg der NSDAP
- die wichtigsten Schritte im Prozess von „Machtergreifung" und „Gleichschaltung" auf dem Weg zur Etablierung einer totalitären Diktatur (bis April 1933)
- Interpretation von Karikaturen
- Handlungsspielräume der zeitgenössischen Bevölkerung im Umgang mit der NS-Diktatur vor dem Hintergrund der Kategorien Schuld und Verantwortung

INHALTLICHE LEISTUNG

Teilaufgabe 1

	Der Schüler/die Schülerin	maximal erreichbare Punkte	erreichte Punkte
1	klärt bei der Vorstellung der Quelle, dass **der Karikaturist nicht bekannt** ist und benennt die **Herkunft** *(The New York Times)* sowie den **Adressatenkreis** der Zeichnung (Leser der *New York Times*, die an politischen Vorgängen in Europa interessiert sind).	2	
2	charakterisiert die **Quellengattung:** politische Karikatur mit sprachlichen Anteilen, veröffentlicht in einer überregionalen New Yorker Tageszeitung	2	
3	nennt **Zeitpunkt** und **Anlass** der Veröffentlichung: 2. April 1933, also ca. 8 Wochen nach der Ernennung Hitlers zum Reichskanzler; zentrale Ereignisse zur Machtsicherung gehen dem Datum voraus („Reichstagsbrandverordnung", „Ermächtigungsgesetz", „Judenboykott")	2	
4	arbeitet das **Thema** heraus: Hitler führt Deutschland – symbolisiert durch die Germania – in ein dunkles Zeitalter.	2	
5	geht auf die **Intention** des Zeichners ein: Warnung vor der zerstörerischen Politik Hitlers	4	
6	beschreibt folgende Elemente der Karikatur: **linke Bildhälfte** • Mann, gekleidet in Uniform mit Stiefeln und Hakenkreuzbinde, mit Schriftzug „Hitler" auf dem linken Oberschenkel; Eisernes Kreuz auf seiner linken Brust • Mann hebt die rechte Hand zum Hitlergruß und schreitet mit ernstem Blick in Richtung des linken Bildrands; in seiner linken Hand hält er einen Strick • Holzschild mit der Aufschrift „TO THE DARK AGES" weist den Weg	12	

	rechte Bildhälfte • Frau, gekleidet in ein weites, helles, teilweise zerrissenes oder geflicktes Gewand mit Sandalen; Schriftzug „Germany" auf dem schmalen Gürtel kennzeichnet Frau als Germania • Frau ist deutlich größer als Hitler • Haltung der Frau: gebeugt, blickt traurig nach unten (das Gesicht ist dunkel gehalten); Hände sind an einen Strick, den Hitler festhält, gefesselt **Hintergrund** • öde Graslandschaft, keine Bäume, keine Bauwerke *Orientierung für eine 6 Punkten entsprechende Lösungsqualität:* Die Hauptelemente der Karikatur werden im Wesentlichen zutreffend beschrieben. *Orientierung für eine 12 Punkten entsprechende Lösungsqualität:* Hauptelemente und Bildaufbau der Karikatur werden systematisch, detailliert und zutreffend beschrieben.		
7	erfüllt ein weiteres aufgabenbezogenes Kriterium.	(2)	
	Summe erste Teilaufgabe	**24**	

Teilaufgabe 2

	Der Schüler/die Schülerin	maximal erreichbare Punkte	erreichte Punkte
1	stellt einen Bezug zwischen der Karikatur und ihrem historischen Kontext her, indem er/sie z. B. folgende Aspekte erläutert: **Einordnung der Karikatur in den Kontext von Hitlers Machtübernahme und Machtsicherung bis zum 2. April 1933** • Ernennung Hitlers zum Reichskanzler am 30. Januar 1933 • Auflösung des Reichstags (31. Januar 1933) und Neuwahlen (5. März 1933) mit 43,9 % der Stimmen für die NSDAP • „Reichstagsbrandverordnung" am 28. Februar 1933 • „Ermächtigungsgesetz" vom 23. März 1933 • „Gesetz zur Gleichschaltung der Länder" (31. März 1933) • „Judenboykott" am 1. April 1933 *Orientierung für eine 6 Punkten entsprechende Lösungsqualität:* Drei Aspekte werden in Grundzügen erläutert und zur Quelle in Beziehung gesetzt. Die Darstellung enthält keine wesentlichen sachlichen Mängel und weist grundlegende historische Kenntnisse nach. *Orientierung für eine 12 Punkten entsprechende Lösungsqualität:* Fünf Aspekte werden auf der Grundlage breiter historischer Kenntnisse detailliert erläutert und sachgerecht auf die Quelle bezogen. Die Darstellung enthält keine sachlichen Fehler.	12	
2	erläutert unter Bezugnahme auf die Beschreibung in Teilaufgabe 1 die Bedeutung der Bildelemente im Zusammenhang, z. B.: • Darstellung Hitlers als entschlossen und dynamisch → Bezug zu weitreichenden Maßnahmen der **Machtsicherung der NSDAP**	16	

- Hitler wirkt wie ein **Einzelkämpfer** (keine Mitstreiter zu sehen), obwohl er das Hakenkreuz als Parteisymbol trägt → Bezug zu seiner **autoritären Führungsrolle** in der Partei
- **Germania** (seit dem 19. Jahrhundert Sinnbild für deutschen Nationalstaat) trottet niedergeschlagen und ohne jeden Widerstand hinter Hitler her → Bezug zu Wahlergebnissen und „Ermächtigungsgesetz“: Wähler und Abgeordnete leisten **kaum Widerstand**
- Fesseln und zerrissenes Gewand der Germania als Symbol für die **Gewaltherrschaft**, die bereits etabliert ist → weitgehende Aufhebung der Grundrechte durch „Reichstagsbrandverordnung“, Aufhebung der Gewaltenteilung durch „Ermächtigungsgesetz“, Terror gegenüber der Opposition, erste KZs
- Hitler führt Deutschland in ein **„dunkles Zeitalter“** (auch Bezeichnung für das Mittelalter) → Bezug zur Aufhebung zivilisatorischer Errungenschaften wie demokratische Mitbestimmung, Rechts- und Verfassungsstaat, zurück zur Willkürherrschaft einzelner Potentaten

Zusammenfassung

Hitler führt das deutsche Volk in eine dunkle, gewaltvolle Regierungszeit, in die dieses ihm trotz seiner durch die Germania symbolisierten demokratischen Traditionen willenlos folgt.

Orientierung für eine 8 Punkten entsprechende Lösungsqualität:

Die Bedeutung wesentlicher Bildelemente wird in Grundzügen erläutert und die Karikatur in ihrer Tendenz plausibel gedeutet. Die Darstellung enthält keine wesentlichen sachlichen Mängel.

Orientierung für eine 16 Punkten entsprechende Lösungsqualität:

Die Bildelemente der Karikatur werden auf der Grundlage breiter historischer Kenntnisse detailliert erläutert und differenziert gedeutet. Die Darstellung enthält keine sachlichen Fehler.

3	erfüllt ein weiteres aufgabenbezogenes Kriterium.	(4)	
	Summe zweite Teilaufgabe	**28**	

Teilaufgabe 3

	Der Schüler/die Schülerin	maximal erreichbare Punkte	erreichte Punkte
1	beurteilt die Angemessenheit der Einschätzung des Karikaturisten und trifft dabei z. B. Aussagen zu folgenden Aspekten:	28	

zustimmend

- **Figur Hitlers:** autoritärer Führungsstil, auch Charisma in seinen Auftritten ist Hitler nicht abzustreiten
- Wähler ließen sich z. T. tatsächlich zur Gefolgschaft verführen (vgl. Wahlergebnisse)
- **Unterdrückung von Widerstand** durch brutales Terrorregime
- wörtlich genommene Richtungsangabe: Hitler führte Deutschland tatsächlich **„dunklen Zeiten“** entgegen.

relativierend
- **Hitler** war trotz seiner Führerrolle auf Mitstreiter und Unterstützer angewiesen (Hindenburg als Reichspräsident, Verknüpfung von Monokratie und Polykratie als Herrschaftsmerkmal) und war **als „Führer" nicht unumstritten** (vgl. „Röhmputsch" 1934)
- Anhänger folgten keineswegs nur niedergeschlagen und ergeben, sondern teilweise enthusiastisch
- Karikatur **verschweigt** Widerstand von Oppositionellen (KPD und SPD), die **offene Kritik** äußerten, aber frühzeitig dem Terrorsystem unterlagen
- **Bezug zum Mittelalter** erscheint **nicht angemessen:** Wenngleich es einen politischen Rückschritt zur Willkürherrschaft gab, waren die angewandten Methoden zur Absicherung der Diktatur sehr modern (vgl. Propaganda, systematischer Terror).

Fazit
Die Karikatur stellt eine weitsichtige Warnung vor der weiteren Entwicklung in Deutschland dar, überhöht jedoch die Bedeutung der Einzelperson Adolf Hitler und vereinfacht undifferenziert die Gefolgschaft der Deutschen.

Orientierung für eine 14 Punkten entsprechende Lösungsqualität:
Der Schüler/die Schülerin gelangt unter Bezugnahme auf die Karikatur zu einem triftigen Urteil, wobei drei Aspekte berücksichtigt werden. Die Darstellung enthält keine wesentlichen sachlichen Mängel.

Orientierung für eine 28 Punkten entsprechende Lösungsqualität:
Der Schüler/die Schülerin gelangt unter Bezugnahme auf die Karikatur zu einem abwägenden und differenzierten Urteil, wobei vier Aspekte berücksichtigt werden. Die Darstellung enthält keine sachlichen Fehler

2	erfüllt ein weiteres aufgabenbezogenes Kriterium.	(2)	
	Summe dritte Teilaufgabe	**28**	
	Summe inhaltliche Leistung (Teilaufgabe 1 bis 3)	**80**	

■ **DARSTELLUNGSLEISTUNG von 20 BE (siehe Download)**

Die historische Bedeutung des Versailler Vertrags

Name: ______________________ Datum: ____________

Aufgabenstellung

1 Analysieren Sie den vorliegenden Text. 30 BE

2 Erläutern Sie die von Kraus thematisierten Verhandlungsbedingungen und Inhalte des Versailler Vertrags sowie die darauf folgenden Reaktionen in Deutschland vor ihrem historischen Hintergrund. 22 BE

3 Nehmen Sie Stellung zur Auffassung des Autors bezüglich der Bedeutung des Versailler Vertrags für das Scheitern der Weimarer Republik. 28 BE

M Hans-Christof Kraus[1]: Ende der Reparationen – Ende der Republik, 2013

Es gehört zu den besonders tragischen Paradoxien[2] der neuesten deutschen Geschichte, dass die Weimarer Republik genau in dem Moment scheiterte, als sich im Bereich der Außenpolitik die ersten beiden großen Erfolge einstellten, um die jahrelang gerungen worden war. Worum Stresemann und die Kanzler Marx, Luther, Müller und andere vergeblich gekämpft hatten, das Ende der Reparationen und die politisch-militärische Gleichberechtigung mit den anderen Mächten – damit faktisch die Außerkraftsetzung der für Deutschland widrigsten Bestimmungen des Versailler Vertrags –, das fiel den beiden letzten Kanzlern der Republik, Franz von Papen und Kurt von Schleicher, unverdientermaßen in den Schoß. Und Adolf Hitler schließlich, der die erste deutsche Republik am Ende liquidierte, kam genau in dem Moment an die Macht, „als nach dem tiefen Absturz der wirtschaftliche Aufschwung, wenn auch zögerlich, [...] schon wieder in Gang gekommen war“[3]. Ausgerechnet er fuhr damit die Ernte ein, die er in den Jahren zuvor rigoros bekämpft hatte. [...]

Hätte die Weimarer Republik – aus der Perspektive der Außenpolitik, der internationalen Beziehungen gesehen – überleben können? Die Frage nach den tieferen Ursachen des Scheiterns der 1919 begründeten ersten deutschen Demokratie wird wohl niemals ausreichend beantwortet werden können. Eines kann jedoch gesagt werden: Neben einer außergewöhnlichen Ballung von ungünstigen Umständen und Fehlentwicklungen war es auch die Ungeduld der Deutschen, die den langen Atem für eine umfassende Revision des in der Tat ungerechten und verfehlten Friedensvertrages von 1919 nicht aufbrachten. Hätte sich Deutschland langfristig aktiv an der Etablierung eines neuen europäischen Sicherheitssystems beteiligt und damit als verlässlicher Partner der anderen europäischen Mächte erwiesen, wäre eine Revision des Versailler Vertrags inklusive bestimmter Grenzkorrekturen im Osten – etwa einer friedlichen Wiederangliederung überwiegend deutsch besiedelter Gebiete an das Reich – eventuell möglich gewesen; eben dieses Fernziel hatte Gustav Stresemann angestrebt. Andere, darunter der ehemalige türkische Verbündete Deutschlands im Ersten Weltkrieg, hatten hierbei mehr Glück: Nach hartnäckigen Verhandlungen gelang es den Nachfolgern Atatürks[4] im Jahr 1939, wichtige Teile der rein türkisch besiedelten Gebiete am östlichen Mittelmeer auf friedlichem Weg für die Türkei zurückzugewinnen.

Aber eine neue Friedensordnung für Europa wäre auch ohne wirkliche Zugeständnisse der Sieger an den Verlierer des Weltkriegs nicht möglich gewesen. Die Verweigerung von Friedensverhandlungen, die Diskriminierung Deutschlands durch den Kriegsschuldartikel des Versailler Vertrags, die brutale Besetzungspolitik an Rhein und Ruhr, die verspätete Aufnahme des Reichs in den Völkerbund (erst acht Jahre nach Kriegsende) – dies alles trug dazu bei, das politische Klima in Deutschland weiter zu vergiften, und es machte zudem das Handeln derjenigen unter den deutschen Außenpolitikern, die – gerade auch im wohlverstandenen deutschen Interesse – eine Politik des vernünftigen Ausgleichs, der Verständigungsbereitschaft und des Aufbaus einer neuen dauerhaften Friedensordnung in Europa erstrebten, unendlich schwierig, Stresemanns viel zu früher Tod gehört zu den großen Tragödien dieser Epoche.

Kurz vor Kriegsende 1918 hatte der bedeutende Staatsrechtler Hugo Preuß, bald darauf Schöpfer der Weimarer Reichsverfassung, einmal bemerkt, eine künftige friedliche Ordnung im Rahmen einer „internationalen Gemeinschaft“ könne nur „auf der Grundlage der völligen Freiheit und Gleichberechtigung aller ihrer nationalen Glieder errichtet sein“. Jeder Verstoß gegen diesen Grundsatz müsse zwangsläufig „die feindliche Leidenschaft nationaler Gegensätze“ erneut anfachen, weil „mit seiner Nation [...] auch der einzelne unfrei und entrechtet“ werde. Das war eine Einsicht, die sich eigentlich von selbst verstand, deren grobe Missachtung durch die Schöpfer des Friedensvertrags von Versailles jedoch unabsehbare Folgen haben sollte. Manchmal nimmt die Geschichte, wenn eine verfehlte Entwicklung begonnen oder ein abschüssiger Weg beschritten wird, an einem bestimmten Punkt eine schlimmstmögliche Wendung. Dies war am 30. Januar 1933 in Deutschland der Fall.

Quelle: Hans-Christof Kraus: Ende der Reparationen – Ende der Republik; aus: H.-Chr. Kraus, Versailles und die Folgen. Außenpolitik zwischen Revisionismus und Verständigung 1919–1933. Berlin: be.bra Verlag 2013, S. 143–150

Anmerkungen

1 Hans-Christof Kraus (*1958): Historiker an der Universität Passau
2 Paradoxien: Widersinnigkeiten, Widersprüche
3 So der Wirtschaftshistoriker Knut Borchardt 1982
4 Mustafa Kemal, seit 1934 mit dem Namenszusatz bzw. dem Nachnamen Atatürk (1881–1938): Begründer der Republik Türkei, von 1923 bis 1938 erster Präsident der nach dem Ersten Weltkrieg aus dem Osmanischen Reich hervorgegangenen modernen türkischen Republik

ERWARTUNGSHORIZONT

Info Der vorliegende Auszug aus einer Darstellung eines Lehrstuhlinhabers für Neuere und Neueste Geschichte positioniert sich eindeutig negativ gegenüber dem Versailler Vertrag und schreibt ihm einen großen Anteil am Untergang der Weimarer Republik zu. Damit eignet der Text sich gut für eine kritische Auseinandersetzung, bei der auch GK-Schüler Ansatzpunkte für eine begründete Stellungnahme (siehe Teilaufgabe 3) finden können. Teilaufgabe 2 bietet den Schülern die Chance, erworbenes Wissen zu einem Standardthema des Geschichtsunterrichts einzubringen. Der Text dürfte – im Vergleich zu anderen wissenschaftlichen Veröffentlichungen – keine größeren Verständnisprobleme für Oberstufenschüler darstellen.

Unterrichtliche Voraussetzungen:

- Kenntnis des Versailler Vertrags, seiner historischen Voraussetzungen und seiner Vorgeschichte: deutsche Kriegsniederlage und Entstehung der Weimarer Republik, Umstände der Vertragsverhandlungen und der Rolle Deutschlands in diesem Zusammenhang, zentrale Vertragsinhalte und innenpolitische Folgen des Vertrags
- lang- und kurzfristig wirksame Gründe für das Scheitern der Weimarer Republik sowie deren Zusammenhang mit dem Aufstieg der NSDAP (Erarbeitung eines multikausalen Erklärungsansatzes)
- grundlegende Schritte zur Analyse von historischen Darstellungen und zur Auseinandersetzung damit

INHALTLICHE LEISTUNG

Teilaufgabe 1

	Der Schüler/die Schülerin	maximal erreichbare Punkte	erreichte Punkte
1	benennt als **Autor** den Passauer Historiker Hans-Christof Kraus, als **Adressaten** die historisch interessierte Öffentlichkeit und als **Erscheinungsjahr** 2014.	2	
2	charakterisiert den Text als **Darstellung** und die **Textsorte** als Auszug aus einem wissenschaftlichen Fachbuch.	2	
3	nennt als **Thema** des Textes die Bedeutung des Friedensvertrags von Versailles für das Ende der Weimarer Republik.	2	
4	arbeitet als **Kernaussage** des Textes heraus, dass unter außenpolitischen Gesichtspunkten der Versailler Vertrag wesentlich zum Untergang der Weimarer Republik beigetragen habe.	4	
5	gibt **Inhalt und Gedankengang** des Textauszugs wieder, indem er/sie als zentrale Aussagen von Kraus herausarbeitet: **Kennzeichnung der Situation Deutschlands am Ende der Weimarer Republik** (vgl. Z. 1–12) • Tragik, da Weimarer Republik scheiterte, als es erste größere außenpolitische Erfolge (Ende der Reparationen, militärische Gleichberechtigung) gegeben habe, womit zentrale Bestimmungen des Versailler Vertrags außer Kraft gesetzt worden seien (vgl. Z. 1–7) • unverdiente Profiteure dieser Entwicklung: Franz von Papen, Kurt von Schleicher, Adolf Hitler (vgl. Z. 7–12)	20	

Frage, ob die Weimarer Republik unter außenpolitischen Gesichtspunkten hätte überleben können (vgl. Z. 13–28)
- vielfältige Ursachen des Scheiterns, u. a. aber auch Ungeduld der Deutschen (vgl. Z. 14–19)
- Möglichkeit einer partiellen Revision des Versailler Vertrags durch deutsches Engagement und vertrauensvolle Zusammenarbeit in europäischem Sicherheitssystem (vgl. Z. 19–24)
- Beispiel der erfolgreichen Politik der ehemals mit Deutschland verbündeten Türkei (vgl. Z. 24–28)

Kritik am Verhalten der Siegermächte und Zuschreibung einer Mitverantwortung für negative politische Folgen (vgl. Z. 29–38)
- Möglichkeit einer neuen europäischen Friedensordnung nur durch Zugeständnisse der Sieger (vgl. Z. 29 f.)
- stattdessen Vergiftung des politischen Klimas in Deutschland durch Verweigerung von Friedensverhandlungen mit deutscher Beteiligung sowie durch anderweitig diskriminierendes Verhalten gegenüber Deutschland (vgl. Z. 30–34)
- Erschwerung einer versöhnlichen Außenpolitik (vgl. Z. 34–38)

Forderung des Staatsrechtlers Hugo Preuß nach nationaler Gleichberechtigung (vgl. Z. 39–49)
- grobe Missachtung bei Aushandlung des Versailler Vertrags (vgl. Z. 45 f.)
- Behauptung, Missachtung habe zu Hitlers Machtübernahme am 30. Januar 1933 beigetragen (vgl. Z. 47 ff.)

Orientierung für eine 10 Punkten entsprechende Lösungsqualität:
Die Hauptaussagen des Textes werden, z. B. auf der Grundlage einer Gliederung nach Sinnabschnitten im textdurchschreitenden Verfahren, zutreffend wiedergegeben.

Orientierung für eine 20 Punkten entsprechende Lösungsqualität:
Die Hauptaussagen des Textes werden auf der Grundlage einer Gliederung differenziert herausgearbeitet, sodass Inhalt und gedanklicher Aufbau der Quelle präzise erfasst werden.

6	erfüllt ein weiteres aufgabenbezogenes Kriterium.	(2)	
	Summe erste Teilaufgabe	**30**	

Teilaufgabe 2

	Der Schüler/die Schülerin	maximal erreichbare Punkte	erreichte Punkte
1	erläutert die Aussagen von Kraus vor ihrem historischen Hintergrund. Dabei werden z. B. folgende Aspekte thematisiert: **militärische und politische Situation in Deutschland bei Kriegsende** (Herbst 1918 bis Januar 1919) • bereits im Spätsommer 1918 unabwendbare militärische **Niederlage** • erzwungene Abdankung des Kaisers und **Ausrufung der Republik** am 9. November 1918 • Etablierung einer **parlamentarischen Demokratie** und Bildung einer Regierung aus den Parteien der Weimarer Koalition (SPD, DDP, Zentrum); Reichspräsidentschaft Eberts (MSPD)	22	

unterschiedliche Interessen der Siegermächte hinsichtlich der Ausgestaltung eines Friedensvertrags
- Forderung nach **harten Friedensbedingungen vonseiten Frankreichs** zur dauerhaften Schwächung Deutschlands
- **moderatere Position Großbritanniens:** nur geringe Schwächung Deutschlands als Gegengewicht zu revolutionärem Russland
- Wunsch des **amerikanischen Präsidenten Wilson** nach einer wirtschaftlich und politisch stabilen liberalen Nachkriegsordnung als Gegengewicht zu bolschewistischem Russland sowie Forderung nach Gründung eines Völkerbundes

Umstände der Pariser Friedensverhandlungen
- Bestimmung der Vertragsbedingungen durch „Rat der Vier" (F, GB, USA, Italien), wobei v. a. die strategischen Interessen Frankreichs und Großbritanniens eine zentrale Rolle spielten
- **Ausschluss Deutschlands** von den Verhandlungen

zentrale Bestimmungen des Vertrags für Deutschland
- Zuschreibung der **alleinigen Kriegsschuld** (Artikel 231) und die sich daraus ergebenden, noch nicht abschließend geregelten umfänglichen **Reparationsverpflichtungen**
- Festlegung von **Gebietsabtretungen**, u. a. Westpreußen/Posen, Elsass-Lothringen, Kolonien
- strenge **Abrüstungsbestimmungen**, u. a. Begrenzung der Armee auf 100 000 Mann

Reaktionen in Deutschland auf den Versailler Vertrag
- **Empörung** über „Diktatfrieden", der als „Schande" empfunden wurde
- kollektives Gefühl ungerechter Behandlung, v. a. wegen „Kriegsschuldartikel"
- nur widerwilliges **Unterschreiben** des Vertrags **unter** dem **Druck** der Drohung mit dem Einmarsch alliierter Truppen
- **Revisionskonsens:** Revision des Versailler Vertrags als parteienübergreifendes Hauptziel künftiger deutscher Außenpolitik
- **Vergiftung des politischen Klimas**, v. a. im Hinblick auf die Agitation von rechts gegen als „Erfüllungspolitiker" verunglimpfte Unterzeichner des Vertrags und damit gegen Republik tragende Kräfte insgesamt
- Verbreitung der **Dolchstoßlegende**

Orientierung für eine 11 Punkten entsprechende Lösungsqualität:
Der Schüler/die Schülerin erläutert drei Hauptaspekte mit den zugehörigen Fakten und weist dabei grundlegende historische Kenntnisse nach.

Orientierung für eine 22 Punkten entsprechende Lösungsqualität:
Der Schüler/die Schülerin erläutert mindestens vier Hauptaspekte mit den zugehörigen Fakten differenziert und weist vertiefte historische Kenntnisse nach.

2	erfüllt ein weiteres aufgabenbezogenes Kriterium.	(4)	
	Summe zweite Teilaufgabe	**22**	

Teilaufgabe 3

	Der Schüler/die Schülerin	maximal erreichbare Punkte	erreichte Punkte
1	nimmt Stellung zur **Auffassung des Autors bezüglich der Bedeutung des Versailler Vertrags** für das Scheitern der Weimarer Republik, indem er /sie sowohl **zustimmende** (großer Anteil des Versailler Vertrags am Scheitern der Weimarer Republik) als auch **relativierende Aspekte** (eher geringer Anteil des Versailler Vertrags am Scheitern der Weimarer Republik) anführt, z. B.: **zustimmend** • tatsächlicher vorübergehender Einflussverlust Deutschlands, der v. a. in nationalistischen Kreisen mit der Unterzeichnung des Versailler Vertrags durch Vertreter demokratischer Parteien verbunden wurde, was das **Ansehen der Republik schwächte** → keine Verteidigung der Republik bei Angriffen • deutliche **wirtschaftliche Schwächung Deutschlands**, u. a. durch territoriale Verluste und Reparationszahlungen • soziale und politische **Folgen der auferlegten Demilitarisierung**, die der Republik angelastet wurden: – hohe Arbeitslosigkeit durch Freisetzung vieler Soldaten – Schwächung der deutschen Schwerindustrie wegen fehlender Rüstungsaufträge – Gefühl der Bedeutungslosigkeit wegen des kleinen Heeres • breite **Unterstützung für Revisionsforderungen** → kaum Gegenwehr in Bezug auf Hitlers außenpolitische Vorstellungen • Empörung eines Großteils der deutschen Bevölkerung über als sehr hart empfundene Friedensbedingungen und über Zuschreibung der Hauptschuld am Weltkrieg → tiefe Demütigung der nationalen Ehre → **Offenheit für rechte Hetze** gegen die Republik **relativierend** • in Verknüpfung mit der Dolchstoßlegende strategische **Instrumentalisierung des Vertrags** und seiner Bestimmungen von rechtsnationalen und völkischen Kreisen • Vertrag bedeutete nicht das Ende Deutschlands → mildere Bestrafung als von Frankreich gewünscht • **Revision einiger Vertragspunkte** (u. a. Reparationszahlungen, militärische Gleichberechtigung) bis 1932 zeigt Handlungsfähigkeit der deutschen Politik, was republikfeindliche Kreise dennoch nicht von ihrer Kritik abhielt • in der **Verfassung** angelegte Gefahren eines Missbrauchs durch die Macht des Präsidenten (z. B. durch das in **Artikel 48** festgeschriebene Notverordnungsrecht) sorgten für Instabilität • **wirtschaftliche Aspekte**, die weitgehend unabhängig vom Versailler Vertrag zum Scheitern der Republik beitrugen (Inflation, Weltwirtschaftskrise, Arbeitslosigkeit) • Rolle der **alten Machteliten**, die der Republik von Beginn an z. T. skeptisch bis ablehnend gegenüberstanden und die Krise seit 1930 aktiv zu deren Beseitigung nutzten	28	

	• strukturelle wirtschaftliche und gesellschaftliche Verwerfungen der Nachkriegszeit, die nicht nur in Deutschland den **Aufstieg faschistischer Bewegungen** begünstigten, als Gründe für Scheitern der Weimarer Republik **Fazit** Die Perspektive des Textes ist – trotz teilweise berechtigter Kritik am Versailler Vertrag – im Hinblick auf seinen Anteil am Scheitern der Weimarer Republik insgesamt zu eindimensional. *Orientierung für eine 14 Punkten entsprechende Lösungsqualität:* Der Schüler gelangt mit Bezug auf den Text zu einer abwägenden Stellungnahme, die zwei Aspekte heranzieht und nachvollziehbar begründet. Die Darstellung enthält keine wesentlichen sachlichen Mängel. *Orientierung für eine 28 Punkten entsprechende Lösungsqualität:* Der Schüler gelangt unter vertiefter Bezugnahme auf den Text zu einer abwägenden Stellungnahme, die mindestens vier Aspekte kenntnisreich und differenziert darlegt und begründet sowie zu einem schlüssigen Fazit als Sachurteil führt. Die Darstellung enthält keine sachlichen Fehler.		
2	erfüllt ein weiteres aufgabenbezogenes Kriterium.	(2)	
	Summe dritte Teilaufgabe	**28**	
	Summe inhaltliche Leistung (Teilaufgabe 1 bis 3)	**80**	

■ **DARSTELLUNGSLEISTUNG von 20 BE (siehe Download)**

Die Herrschaft in den Kolonien im Zeitalter des Hochimperialismus

Name: ____________________ Datum: __________

Aufgabenstellung

Interpretieren Sie die Quelle, indem Sie

1 sie analysieren, 30 BE

2 die Darstellung des Feldzugs in Frenssens Roman in den historischen Kontext sowohl des deutschen Imperialismus im Allgemeinen als auch der Kolonie Deutsch-Südwestafrika im Besonderen einordnen und 26 BE

3 die Darstellung unter Berücksichtigung der zeitgenössischen Perspektive sowie der besonderen Quellengattung bewerten. 24 BE

M Gustav Frenssen: Peter Moors Fahrt nach Südwest, 1906

Der folgende Textauszug stammt aus dem Jugendroman „Peter Moors Fahrt nach Südwest" des deutschen Schriftstellers Gustav Frenssen (1863–1945). Der Feldzugsbericht (so der Untertitel des Romans) wurde erstmalig 1906 veröffentlicht, stieß schon in den ersten Monaten seiner Erscheinung auf breites Interesse und erreichte die höchsten Auflagen in den 1930er-Jahren. Der Roman erzählt die auf Tatsachen beruhende fiktive Geschichte des Handwerkergesellen Peter Moor, der sich kurz nach Ausbruch des Herero-Aufstands freiwillig für den Feldzug in Deutsch-Südwestafrika meldet.

Wir sahen, wie die Artilleristen die Staubkappen von den Geschützen nahmen. Weit von vornher fielen einige Schüsse. Nun erreichten auch wir die Höhe. Vom Feinde war nichts zu sehen als unten in der Ferne eine ungeheure, schwere Staubmasse, die rasch durch die Steppe vorwärtszog.

Da war es klar, daß dem stolzen Volke aller Mut und alle Hoffnung vergangen war; daß sie lieber den Tod in der Wüste wollten, als weiter mit uns kämpfen.

Wir ruhten ein wenig an der vom Feinde verlassenen Wasserstelle und an seinen noch brennenden Feuern; dann zogen wir auf müden Pferden weiter. Gegen Abend, als wir am Flusse entlang zogen, kamen wir zu einer Stelle, wo Wasser sein sollte. Wir fanden auch einige alte Wasserlöcher, daneben Hunderte von neuen, welche die Feinde gestern gemacht hatten. Sie waren bis vier Meter tief und tiefer: aber Wasser hatten sie nicht.

Es kam aber die Meldung, daß ungefähr fünf Reitstunden weiter noch eine letzte Wasserstelle wäre, an welcher Haufen Feinde säßen. Da wurde beschlossen, daß wir sie da noch vertreiben müßten und wollten. Wenn wir sie von dort verjagt hatten, dann blieb ihnen nichts weiter als das Sandfeld. [...]

[Später stehen Peter Moor und sein Oberleutnant im Feldlager, der Oberleutnant sagt:] „Diese Schwarzen haben vor Gott und Menschen den Tod verdient, nicht weil sie die zweihundert Farmer ermordet haben und gegen uns aufgestanden sind, sondern weil sie keine Häuser gebaut und keine Brunnen gegraben haben." Dann kam er auf die Heimat zu sprechen und sagte dies und das und meinte: „Was wir vorgestern vorm Gottesdienst gesungen haben: ‚Wir treten zum Beten vor Gott den Gerechten', das verstehe ich so: Gott hat uns hier siegen lassen, weil wir die Edleren und Vorwärtsstrebenden sind. Das will aber nicht viel sagen gegenüber diesem schwarzen Volk; sondern wir müssen sorgen, daß wir vor allen Völkern der Erde die Besseren und Wacheren werden. Den Tüchtigeren, den Frischeren gehört die Welt. Das ist Gottes Gerechtigkeit."

Der Schutztruppler war eingeschlafen; der Oberleutnant stand aufrecht, zuweilen ein wenig schwankend, die Uhr in der Hand. Ich stand neben meinem Pferd, halb wachend, halb schlafend. Der Mond ging auf; die Nacht wurde kalt und windig. Nach einer Weile sagte der Oberleutnant: „Aber der Missionar hat doch recht, daß er sagt, daß alle Menschen Brüder sind." Ich sagte: „Dann haben wir also unsern Bruder getötet;" und sah nach dem dunkeln Körper der lang im Grase lag.

Er sah auf und sagte mit seiner heisern, schmerzenden Stimme: „Wir müssen noch lange hart sein und töten; aber wir müssen uns dabei, als einzelne Menschen und als Volk, um hohe Gedanken und edle Taten bemühen, damit wir zu der zukünftigen, brüderlichen Menschheit unser Teil beitragen." Er stand und sah in Gedanken über die weite, mondbeschienene Steppe und wieder auf den stillen, toten Körper.

Ich hatte während des Feldzugs oft gedacht: ‚Was für ein Jammer! [...] Die Sache ist das gute Blut nicht wert!' Aber nun hörte ich ein großes Lied, das klang über ganz Südafrika und über die ganze Welt und gab mir einen Verstand von der Sache.

Quelle: Gustav Frenssen: Peter Moors Fahrt nach Südwest. Grot'sche Sammlung von Werken zeitgenössischer Schriftsteller/Band 89. 1933, S. 189f.

ERWARTUNGSHORIZONT

Info Das Klausurmaterial ist einem Anfang des 20. Jahrhunderts sehr beliebten Jugendroman entnommen und spiegelt das chauvinistische Selbstverständnis der Kolonialisten gegenüber den eroberten Völkern wider. Die Quelle ist besonders geeignet, die Fähigkeiten und Kenntnisse der Schüler in Bezug auf eine angemessene Quellenkritik zu überprüfen. Schließlich muss bei einem Roman stets dessen mehr oder weniger ausgeprägte Fiktionalität berücksichtigt werden.

Unterrichtliche Voraussetzungen:
- Merkmale, Motive, Ziele, Funktionen und Formen des Imperialismus (konkretisiert am Beispiel der deutschen Kolonien in Afrika, insbesondere Deutsch-Südwestafrika)
- Niederschlagung des Aufstands der Hereros durch deutsche Truppen unter der Führung General von Trothas
- eigenständige, sach- und fachgerechte Interpretation von Textquellen
- Bewertung des Imperialismus unter Berücksichtigung zeitgenössischer Perspektiven

■ INHALTLICHE LEISTUNG

Teilaufgabe 1

	Der Schüler/die Schülerin	maximal erreichbare Punkte	erreichte Punkte
1	benennt als **Autor** den deutschen Schriftsteller Gustav Frenssen und als **Adressaten** jugendliche Leser im wilhelminischen Kaiserreich.	2	
2	charakterisiert die **Quellenart** als schriftliche Quelle und die **Textsorte** als historischen Jugendroman, also als Fiktion.	2	
3	nimmt eine kurze **historische Einordnung** vor: Dem Erscheinen des Romans gingen Aufstände der indigenen Bevölkerung in den Kolonien Südwest- (1904) und Südostafrika (1905) voraus, deren brutale Niederschlagung durch die deutschen Truppen zu vehementen Diskussionen im Reichstag und in der Öffentlichkeit führten. 1906 befanden sich noch immer Tausende Hereros und Nama in Konzentrationslagern und wurden zur Zwangsarbeit herangezogen.	2	
4	arbeitet das **Thema** heraus: Reflexionen des Kriegsfreiwilligen Peter Moor angesichts seiner Erlebnisse und Gespräche auf dem Feldzug in Südwestafrika	2	
5	geht auf die **Intention** des Autors ein: ideologische Rechtfertigung des brutalen Handelns der „Schutztruppen" gegenüber der indigenen Bevölkerung der Kolonien als erzieherische Einwirkung auf Jugendliche	4	
6	gibt **Inhalt und Gedankengang** des Textes wieder, indem er/sie als zentrale Aussagen herausarbeitet: **Schilderung des Vorstoßes in der afrikanischen Steppe** (vgl. Z. 1–6) • Zusammenfassung der Beobachtungen eines Angriffs der Artillerie: Ertönen von Schüssen, aber Blick auf die Gegner sei von den Staubmassen der davonziehenden Einheimischen verdunkelt gewesen (vgl. Z. 1–4) • **Schlussfolgerung** Moors: Gegner würden eher den Tod in der Wüste in Kauf nehmen als mit den deutschen Truppen zu kämpfen (vgl. Z. 5 f.)	18	

Schilderung einzelner Etappen des Vorstoßes von einer Wasserstelle der Gegner zur nächsten (vgl. Z. 7–15)

- Beobachtung, dass die Gegner mehrfach vergeblich versucht hätten, neue Wasserstellen zu graben
- Erwähnung einer Meldung, dass sich eine letzte Wasserstelle in ca. 5 Reitstunden Entfernung befinde; Entscheidung, dass Gegner abschließend auch von dort vertrieben werden sollten
- einzige Möglichkeit für fliehende Einheimische: Rückzug in die Wüste

Dialog zwischen dem Oberleutnant und Moor im Feldlager (vgl. Z. 16–36)

- Kontrastierung der Verdienste der „Schwarzen" und der Deutschen durch den Oberleutnant:
  - **Rechtfertigung der Tötung** der „Schwarzen" nicht als Strafe für den Aufstand, sondern weil sie keine bleibenden Zivilisationsgüter wie feste Häuser oder Brunnen gebaut hätten (vgl. Z. 17 ff.)
  - **Rechtfertigung der deutschen Vorherrschaft** als Lohn Gottes für die „Edleren" und Ehrgeizigen, verbunden mit dem Bestreben, Vorrangstellung vor allen Völkern der Welt zu erreichen (vgl. Z. 21–25)
- Austausch des Oberleutnants und Moors zum konkreten Verhältnis der Hereros und der deutschen Truppen vor Ort (vgl. Z. 28–31): Aus dem Zugeständnis des Oberleutnants, dass alle Menschen Brüder seien, schlussfolgert Moor, dass sie mit einem Herero also einen Bruder getötet hätten.
- **emotionale Antwort** des Oberleutnants in dem Versuch, die zivilisatorische Überlegenheit mit den konkreten Kriegshandlungen zu verknüpfen: Die Deutschen müssten zugleich Härte zeigen als auch hohe Ideale verfolgen und edelmütig handeln, um in Zukunft eine „brüderliche[...] Menschheit" (Z. 34) erreichen zu können.

Fazit: Zentrale Erkenntnis von Moor (vgl. Z. 37 ff.)
Moor räumt Zweifel am Feldzug ein, scheint aber in der Erklärung des Oberleutnants den Sinn für die Strapazen gefunden zu haben.

Orientierung für eine 9 Punkten entsprechende Lösungsqualität:
Die Hauptaussagen der Quelle werden, z. B. auf der Grundlage einer Gliederung nach Sinnabschnitten im textdurchschreitenden Verfahren, zutreffend wiedergegeben.

Orientierung für eine 18 Punkten entsprechende Lösungsqualität:
Die Hauptaussagen der Quelle werden auf der Grundlage einer Gliederung differenziert herausgearbeitet, sodass Inhalt und gedanklicher Aufbau der Quelle präzise erfasst werden.

7	erfüllt ein weiteres aufgabenbezogenes Kriterium.	(2)	
	Summe erste Teilaufgabe	**30**	

Teilaufgabe 2

	Der Schüler/die Schülerin	maximal erreichbare Punkte	erreichte Punkte
1	ordnet die Darstellung des Feldzugs in Frenssens Roman in den historischen Kontext des deutschen Imperialismus im Allgemeinen sowie der Kolonie Deutsch-Südwestafrika im Besonderen ein. Dabei führt er/sie z. B. folgende Aspekte aus:	26	

Aspekte des deutschen Imperialismus im Allgemeinen
- **Merkmale und Motive** des Imperialismus: wirtschaftliche und bevölkerungspolitische Interessen, Sozialdarwinismus, Chauvinismus, Großmachtstreben
- Besonderheiten des **Imperialismus in Deutschland:** verspäteter Kolonialismus, Skepsis und Widerstand Bismarcks, Großmachtstreben unter Wilhelm II.
- Phasen des Imperialismus in Deutschland (hier „heroische Phase“)

Kolonialisierung in Südwestafrika
- Kauf durch Privatinvestor Lüderitz, Schutzbrief ab 1884, Verwaltung vorwiegend durch Handelsgesellschaften mit Unterstützung weniger Schutztruppen
- Aufkaufen von Weideland, deutsche Farmer als Konkurrenten zu Rinderzüchtern der Hereros
- Missionsgedanken
- Betrug und wirtschaftliche Ausbeutung, Rechtsungleichheit für Hereros

Zuspitzung der Lage bis zum Krieg 1904
- aus Protest gegen Rechtsungleichheit, Misshandlungen/Vergewaltigungen und aus Skepsis gegenüber Reservaten Beginn eines **Aufstands** der Hereros unter ihrem Anführer Samuel Maharero im Januar 1904
- Ermordung von Farmern, Plünderungen

Rolle der verantwortlichen Befehlshaber der Schutztruppen
- **Niederschlagung** durch deutsche Schutztruppen **misslingt zunächst** → massive Verstärkung durch Soldaten unter dem Befehl von Generalleutnant Lothar von Trotha
- Sieg über die Hereros in der **Schlacht am Waterberg** (August 1904) und Flucht zahlreicher Hereros in die wasserlose Omaheke-Steppe
- **Vernichtung der Hereros:** Abriegelung der Steppe und Schießbefehl, um Hereros von Wasserlöchern abzuschneiden
- Protest des Gouverneurs Leutwein gegen unmenschliches Vorgehen → Rücktritt vom Amt des Gouverneurs

Folgen des Kriegs
- **Einsperren von Hereros** in Konzentrationslager; Zwangsarbeit
- **Vernichtung** von ca. 80 % des Herero-Stammes (Völkermord)
- Wandel in der Kolonialpolitik: Finanzierung des Kolonialkriegs führte zu Debatten im Reichstag (vgl. „Hottentottenwahlen“ 1907); Entscheidung für Reformkurs: Verwaltungsreformen, Investitionen in Infrastruktur der Kolonie, stärkere Berücksichtigung von traditionellen Ordnungsstrukturen der einheimischen Bevölkerung

Orientierung für eine 13 Punkten entsprechende Lösungsqualität:
Drei Hauptaspekte werden in Grundzügen erläutert und zur Quelle in Beziehung gesetzt. Die Darstellung enthält keine wesentlichen sachlichen Mängel und weist grundlegende historische Kenntnisse nach.

Orientierung für eine 26 Punkten entsprechende Lösungsqualität:
Vier Hauptaspekte werden auf der Grundlage breiter historischer Kenntnisse detailliert und zusammenhängend erläutert und sachgerecht auf die Quelle bezogen. Die Darstellung enthält keine sachlichen Fehler.

2	erfüllt ein weiteres aufgabenbezogenes Kriterium.	(4)
	Summe zweite Teilaufgabe	**26**

Teilaufgabe 3

	Der Schüler/die Schülerin	maximal erreichbare Punkte	erreichte Punkte
1	bewertet unter Berücksichtigung der zeitgenössischen Perspektive sowie der besonderen Quellengattung die Ausführungen im Jugendbuch. Dabei werden z. B. folgende Aspekte thematisiert: **Entsprechung der zeitgenössischen Perspektive** • **sozialdarwinistische/rassistische Rechtfertigung:** indigene Bevölkerung wird allenfalls als barbarisch und wild anerkannt, aber nicht mit zivilisatorischen Werten in Verbindung gebracht (vgl. Z. 18 f.) • **chauvinistischer Ehrgeiz:** Verknüpfung der Überzeugung von der eigenen Stärke mit der Entrüstung über die fehlende internationale Anerkennung des Deutschtums in der Welt (vgl. Z. 21 f.) • **unmenschliche Brutalität** gegenüber der indigenen Bevölkerung bis hin zu massenhaften Hinrichtungen war durchaus verbreitet und erschien daher vielen europäischen Zeitgenossen **als Normalität** **Abweichung von der zeitgenössischen Perspektive** • **bedenkliche Argumentation** des Oberleutnants, der das Vorgehen gegen die Hereros fatalistisch als Auftrag Gottes rechtfertigt → Ausblendung der von weltlichen Werten geprägten Diskussionen zum Thema, die im Reichstag durchaus sehr kontrovers geführt wurden • christlicher Gedanke der Brüderlichkeit wird im Roman zwar angerissen (vgl. Z. 29), aber den Anstrengungen zur Niederschlagung des Aufstands vorerst geopfert → **Widerspruch zum Ansatz vieler zeitgenössischer Missionare**, die zwar vom christlichen Überlegenheitsgefühl beseelt waren, aber dafür nicht massenhaft töteten • willkürliche Tötung der einheimischen Bevölkerung wurde trotz Chauvinismus und Sozialdarwinismus im Deutschen Reich nicht allgemein befürwortet, wie die **Kontroversen im Reichstag** zeigten → Widerspruch der heldenhaften Darstellung im Roman zu wirtschaftlich, aber auch **humanistisch motivierter Kritik** am Krieg gegen die Hereros **abschließendes Urteil, z. B.:** Die erzieherische Botschaft eines vermeintlich heldenhaften, idealistisch begründeten Massenmords ist in einem Jugendbuch kritikwürdig, da sie jede argumentative Auseinandersetzung untergräbt. *Orientierung für eine 12 Punkten entsprechende Lösungsqualität:* Der Schüler/die Schülerin gelangt unter Bezugnahme auf den Text zu einem eigenständigen Urteil, wobei vier Aspekte berücksichtigt werden. Die Darstellung enthält keine wesentlichen sachlichen Mängel. *Orientierung für eine 24 Punkten entsprechende Lösungsqualität:* Der Schüler/die Schülerin gelangt zu einem abwägenden Urteil auf der Grundlage breiter historischer Kenntnisse, wobei fünf Aspekte berücksichtigt werden. Die Darstellung enthält keine sachlichen Fehler.	24	
2	erfüllt ein weiteres aufgabenbezogenes Kriterium.	(2)	
	Summe dritte Teilaufgabe	**24**	
	Summe inhaltliche Leistung (Teilaufgabe 1 bis 3)	**80**	

■ **DARSTELLUNGSLEISTUNG von 20 BE (siehe Download)**

Widerstand in der Zeit des Nationalsozialismus

Name: ______________________ Datum: __________

Aufgabenstellung

Setzen Sie sich vergleichend mit den beiden Darstellungen auseinander, indem Sie

1 sie analysieren, 28 BE

2 die Einschätzungen beider Autoren zu den Motiven der Attentäter des 20. Juli 1944 sowie zur Bedeutung des Attentats vergleichen (12 BE) und die angesprochenen Sachverhalte mit Bezug zum historischen Kontext erläutern (14 BE) sowie 26 BE

3 zu einer der beiden Positionen Stellung nehmen. 26 BE

M 1 Joachim Gauck: Ansprache zum 70. Jahrestag des 20. Juli 1944

Der Textauszug stammt aus einer Ansprache des damaligen Bundespräsidenten Joachim Gauck, die dieser am 20. Juli 2014 im Ehrenhof des Bendlerblocks in Berlin zum Gedenken an den 70. Jahrestag des Attentats- und Umsturzversuchs vom 20. Juli 1944 gehalten hat.

Die Männer des 20. Juli wollten Hitler beseitigen und eine neue Ordnung errichten. Sie hatten ein Netzwerk geschaffen, das tatsächlich – wäre das Attentat gelungen – fähig gewesen wäre, militärisch, politisch und personell eine Alternative zum NS-Staat zu errichten. Zugleich aber waren sie sich auch bewusst, dass es darum ging, ein in die Welt hinaus und in die Zukunft hineinwirkendes Zeichen zu setzen. Niemand hat dies besser formuliert als Henning von Tresckow, als er von dem *„unter Einsatz des Lebens“* zu wagenden *„entscheidenden Wurf“* sprach – jenem Zeichen des deutschen Widerstands, neben dem in Tresckows Worten alles andere *„gleichgültig“* sei. […]

Wenn aber das der Maßstab ist: das Wirken in die Welt hinaus und in die Zukunft hinein, dann sollten wir zumindest sehr vorsichtig sein mit Begriffen wie *„Scheitern“* oder *„Misserfolg“*. Denn der 20. Juli und all die anderen Versuche des Widerstands gegen Hitler und das NS-Regime, sie haben nicht nur eine faktische Bedeutung, sondern auch eine sehr klare moralische – und bei genauer Betrachtung natürlich auch eine eminent politische. Aus diesem Erbe konnte die neu gegründete Bundesrepublik, als sie – allerdings verspätet – die Bedeutung des militärischen Widerstands begriffen hatte, Legitimation schöpfen. […]

[V]iele, auch Stauffenberg, verbanden anfänglich Hoffnungen mit dem Nationalsozialismus. Wie die konservativen Eliten waren viele Militärs in einer Weise staats- und *„deutschland“*-gläubig, die wir uns heute kaum mehr vorstellen können. Dass die Soldaten vom 2. August 1934 an einen persönlichen Eid auf den Diktator, und damit Hitler gegenüber *„unbedingten Gehorsam“* geschworen hatten, das machte militärischen Widerstand noch schwieriger. Die Männer und Frauen des 20. Juli fanden einen Ausweg aus ihrer eigenen Verstrickung, indem sie sich entschlossen, ihrem Gewissen zu folgen.

Eine Gewissensentscheidung mit einer ausgeprägt politischen Dimension. Gleich der erste Satz der im Umfeld Stauffenbergs entworfenen Regierungserklärung bekannte sich zum Rechtsstaat: *„Erste Aufgabe ist die Wiederherstellung der vollkommenen Majestät des Rechts.“* Der wohl leuchtendste Ausdruck der Überzeugungen aber findet sich weiter hinten in jenem Dokument. Dort heißt es: *„Die zerbrochene Freiheit des Geistes, des Gewissens, des Glaubens und der Meinung wird wiederhergestellt."* […]

Stauffenberg, Tresckow und ihre Mitstreiter ehren wir heute auch stellvertretend für alle diese anderen, die widerständig waren oder die unter den Folgen des aufrechten Widerstands zu leiden hatten. […] Wir ehren sie und folgen ihnen nur, wenn wir uns fragen: Was kann ich tun, um fähig und bereit zu sein zu einem Leben in Verantwortung für dieses Land und seine Demokratie. Dafür zu leben und notfalls zu kämpfen, für seine humanen Werte, die es mit seinen Nachbarn verbindet, und immer wieder für das, was im Gründungsdokument unseres Landes so einfach, so groß und so stark beschrieben ist: *„die Würde des Menschen"*.

http://www.bundespraesident.de/SharedDocs/Reden/DE/Joachim-Gauck/Reden/2014/07/140720-Gedenken-Widerstand-NS.html (Zuletzt aufgerufen am 02.10.2017)

M 2 nevergoinghome: Fragwürdige Traditionslinien, 2008

Der folgende Textauszug stammt aus der Broschüre einer Gruppe, die sich nevergoinghome nennt und eigenen Angaben zufolge 2007 aus einem losen Diskussionskreis entstanden ist. Zu Beginn der Dreharbeiten für den Kinofilm „Operation Walküre – Das Stauffenberg-Attentat" setzte sich die Gruppe mit dem Gedenken an Stauffenberg auseinander und erstellte dazu 2008 eine Broschüre mit dem Titel „Fragwürdige Traditionslinien". Sie betreibt einen Blog mit dem Titel nevergoinghome.blogsport.de.

Im Laufe der Arbeit zeigte sich immer deutlicher, dass das Erinnern an den 20. Juli ein wichtiger geschichtspolitischer Pfeiler ist, wenn es in Deutschland darum geht, sich vom schweren Gewicht der Geschichte des Nationalsozialismus zu entlasten. Weil es den 20. Juli 1944 gab, so das gängige Argument, habe ‚Deutschland' (wer auch immer das sein mag) nicht gänzlich moralisch versagt. Genau das wird ausgedrückt, wenn in fast jeder PolitikerInnenrede zum 20. Juli Henning von Tresckows Ausspruch zitiert wird: „Das Attentat muß erfolgen, coûte que coûte[1]. Sollte es nicht gelingen, so muß trotzdem in Berlin gehandelt werden. Denn es kommt nicht mehr auf den praktischen Zweck an, sondern darauf, daß die deutsche Widerstandsbewegung vor der Welt und vor der Geschichte den entscheidenden Wurf gewagt hat. Alles andere ist daneben gleichgültig." Warum wird sich gerade auf einen solchen Satz bezogen? Hätte nicht eigentlich das Ende der NS-Herrschaft, das Ende der Vernichtungslager, das Ende des Krieges der praktische Zweck gewesen sein sollen? Wenn der praktische Zweck – hier das Verhindern von mehreren Millionen Toten allein im letzten Kriegsjahr – vor der Geschichte gleichgültig ist, gleichgültig neben dem Zeichen an die Welt, dem guten Ruf Deutschlands, dann kann hier mit dieser Art des Gedenkens etwas nicht stimmen.

Zwei Sachen fallen also bei der Beschäftigung mit dem Gedenken an das Hitler-Attentat auf: Erstens geht es immer um das Ansehen Deutschlands, um das verzweifelte Bemühen angesichts der Verbrechen, die die Deutschen begingen, noch „good germans" in petto zu haben, die für die Idee eines „anderen Deutschlands" stehen könnten. Zweitens wird dabei höchst merkwürdig mit der realen Geschichte umgegangen: Dass die „Männer und Frauen vom 20. Juli" größtenteils AntisemitInnen waren und reaktionäre militaristische Überzeugungen hegten, viele von ihnen den Nationalsozialismus begrüßt hatten und als Offiziere der Wehrmacht an den Verbrechen beteiligt waren oder zumindest lange davon wussten, bevor sie sich zum Putsch entschlossen, all das dürfte bekannt und auch nicht ernsthaft zu bestreiten sein. Um sie trotzdem zu geistigen Vorläufern des Grundgesetzes machen zu können, wird der Widerstand politisch ‚ausgehöhlt', das heißt es wird unterstellt, dass ihre Überzeugungen aus der Zeit heraus zu verstehen seien und daher, das ist der Subtext, in der Betrachtung vernachlässigt werden dürfen. Stattdessen werden politisch unbestimmte Werte wie Mut, Humanität und Moral betont. So können sich auch diejenigen in der Tradition Stauffenbergs sehen, die mit seinen politischen Überzeugungen nichts anzufangen wissen: SozialdemokratInnen, Liberale und moderne Konservative. […]

Die ‚Gewissensentscheidung', die Stauffenbergs Tat vorausgegangen sein soll, dient dabei als ethisch-moralische Richtschnur für alle StaatsbürgerInnen der Republik, insbesondere aber für diejenigen in Uniform. Einerseits wird suggeriert, dass das Gewissen im Zweifelsfalle über dem Gesetz stehen muss, andererseits wird aber genau dieses Gewissen mit dem nationalen Interesse identifiziert: Weil es Stauffenberg nicht um so etwas Profanes ging wie sein nacktes Leben (wie beim jüdischen Widerstand), sondern um die hehre Idee der Nation, erscheint sein Ziel auch als das moralisch höherwertige. Seine Opferbereitschaft wird zum Maßstab. […]

Aus: http://nevergoinghome.blogsport.de/images/FragwuerdigeTraditionslinien.pdf (Zuletzt aufgerufen am 02. 10. 2017)

Anmerkung

1 coûte que coûte: Koste es, was es wolle.

ERWARTUNGSHORIZONT

Info

Auf den ersten Blick mag die sehr ungleiche Autorität der beiden Autoren – des früheren Bundespräsidenten Gauck einerseits, der unbekannten Gruppe von Bloggern andererseits – für eine Auseinandersetzung mit den Texten hinderlich erscheinen. Bei genauerer Betrachtung zeigt sich jedoch, dass die Blogger gerade jene Aspekte des Stauffenberg-Gedenkens kritisieren, die von Gauck positiv hervorgehoben werden. Ihre Ansätze folgen dabei der Kritik, wie sie auch von renommierten Historikern (z. B. Ueberschär, Herbert) vorgebracht wird, wenngleich sie weniger differenziert begründet ist. Da das Geschichtsbild der Schüler von solchen Textformen mit geprägt wird, lohnt es sich, sie zum Gegenstand einer kritischen Auseinandersetzung zu machen.

Unterrichtliche Voraussetzungen:

- Entstehung und grundsätzliche Etablierung des nationalsozialistischen Systems totalitärer Herrschaft
- Motive und Formen der Unterstützung, der Anpassung und des Widerstands der Bevölkerung im Nationalsozialismus
- Zusammenhang von Vernichtungskrieg und Völkermord
- Kontinuitäten und Diskontinuitäten von Denkmustern und Wertesystemen am Beispiel der NS-Ideologie
- unterschiedliche Formen des Widerstands gegen das NS-Regime am Beispiel des militärischen Widerstands und einer weiteren Form (z. B. studentischer Widerstand)

INHALTLICHE LEISTUNG

Teilaufgabe 1

	Der Schüler/die Schülerin	maximal erreichbare Punkte	erreichte Punkte
1	benennt als **Autor** von M 1 den früheren Bundespräsidenten Gauck und als **Adressaten** die anwesenden Gäste sowie die historisch interessierte Öffentlichkeit.	2	
2	charakterisiert M 1 als **Darstellung** (Gedenkrede) und nennt das **Datum** der Veröffentlichung (20. Juli 2014).	2	
3	benennt als **Anlass** den Festakt zum 70. Jahrestag des Attentats vom 20. Juli 1944.	1	
4	arbeitet als **Thema** die Bedeutung des Attentats- und Umsturzversuchs für die Bundesrepublik von ihrer Gründung bis zur Gegenwart heraus.	1	
5	gibt **Inhalt und Gedankengang** von M 1 wieder, indem er/sie die Hauptaussagen und den Aufbau der Argumentation z. B. wie folgt herausarbeitet: **Attentat vom 20. Juli habe in zweifacher Hinsicht hohe Bedeutung** • nachahmenswerte Gewissensentscheidung der Täter (als Abkehr von der Diktatur und Hinwendung zum Rechtsstaat) • moralisches und politisches Erbe für die Bundesrepublik **Motiv des Attentats: Gewissensentscheidung** • Zielsetzung der Attentäter: Plan, eine „neue Ordnung“ (Z. 1) zu errichten, einen **Rechtsstaat mit Freiheitsrechten** (vgl. Z. 23–28)	8	

	• Hervorhebung dieser Zielsetzung als „Gewissensentscheidung mit einer ausgeprägt politischen Dimension" (Z. 23) durch **Kontrastierung mit** vorheriger **nationalsozialistischer Gefolgschaft** der Beteiligten und mit **Wehrmachtseid** auf Hitler ab 1934 (vgl. Z. 16–22) → Entscheidung, sich gegen vorherige NS-Überzeugungen zu wenden, erscheine vor diesem Hintergrund umso bemerkenswerter **Bedeutung für die Bundesrepublik** • Verweis auf Tresckow, der bereits die **zukünftige Wirksamkeit des Attentats** im Blick gehabt habe (vgl. Z. 5–8) • daher **Abkehr von der Bewertung des faktischen Erfolgs:** Maßstab der zukunftsorientierten Wirksamkeit erlaube nur eingeschränkt eine Bewertung mit Begriffen wie „Scheitern" oder „Misserfolg" (vgl. Z. 9 ff.) • Hinwendung zu **moralischer Bewertung:** Beurteilung müsse nach moralischen Maßstäben erfolgen, die zur Legitimation der Bundesrepublik auch eine politische Dimension erhielte (vgl. Z. 11–15) • Steigerung zur Vorbildwirkung: Stauffenberg und andere Widerstandskämpfer seien zu ehren, weil sie Verantwortung für die Demokratie, humanitäre Werte und die Würde des Menschen übernommen und dafür gekämpft hätten (vgl. Z. 29–35)		
6	benennt als **Autor** von M 2 die Gruppe „nevergoinghome" und als **Adressaten** politisch und historisch interessierte Follower des Blogs.	2	
7	charakterisiert M 2 als **Darstellung** (Broschüre zum Stauffenberg-Gedenken) und nennt als **Erscheinungszeitpunkt** das Jahr 2008.	2	
8	benennt als **Anlass** die Dreharbeiten zu dem amerikanischen Spielfilm „Operation Walküre" ab 2007.	2	
9	arbeitet als **Thema** die Bedeutung des Attentats- und Umsturzversuchs für die Bundesrepublik heraus.	1	
10	gibt **Inhalt und Gedankengang** von M 2 wieder, indem er/sie die Hauptaussagen und den Aufbau der Argumentation z. B. wie folgt darlegt: **Gedenken an das Attentat sei in zweierlei Hinsicht auffällig** • Mittel, um ein positives, vom Ballast der NS-Verbrechen befreites Bild von Deutschland zu zeichnen • fragwürdige Deutung des Kontexts des Attentats **Motive der Attentäter** • Vorwurf der **Vernachlässigung negativer Aspekte:** antisemitische, reaktionär-militaristische Überzeugung vieler Täter, ihre anfängliche Befürwortung des Nationalsozialismus und ihre Verantwortung für dessen Verbrechen werde mit der Begründung vernachlässigt, dass diese Überzeugungen aus der Zeit heraus zu verstehen seien (vgl. Z. 19–27) • Vorwurf der **Hervorhebung positiver Aspekte:** Werte wie „Mut, Humanität und Moral" (Z. 28) würden in den Vordergrund gerückt, um die Beteiligten in die Tradition des Grundgesetzes zu stellen (vgl. Z. 24 f.) und aktuell jenen Menschen eine Identifikationsmöglichkeit zu bieten, die politisch sozialdemokratische, liberale oder modern konservative Überzeugungen hätten • **Kritik** am ethischen Maßstab der „Gewissensentscheidung" (Z. 32): Gewissensentscheidung werde über das Gesetz gestellt und mit den Interessen der Nation identifiziert → **Glorifizierung von Opferbereitschaft** für die „hehre Idee der Nation" (Z. 37)	8	

	Bedeutung für die Bundesrepublik • Suche der Politiker nach den „good germans“ (Z. 18), welche die Idee eines „anderen Deutschlands“ (Z. 19) verkörpern → **Vernachlässigung negativer** und **Hervorhebung positiver Aspekte** des Attentats • häufiger Verweis auf Tresckows Aussage zur zukünftigen Wirksamkeit des Attentats belege, dass es Politikern vor allem um den **Nachweis moralischer Ansätze** in der deutschen Geschichte gehe (vgl. Z. 3–10) • Schlussfolgerung, dass „mit dieser Art des Gedenkens“ (Z. 15) etwas nicht stimme, da Bedeutung für das **Ansehen Deutschlands höher gewichtet** werde als der Zweck, Millionen von Toten zu verhindern *Orientierung für eine 8 Punkten entsprechende Lösungsqualität:* Die Hauptaussagen der Texte werden, z. B. im textdurchschreitenden Verfahren, zutreffend zusammengefasst. *Orientierung für eine 16 Punkten entsprechende Lösungsqualität:* Die Hauptaussagen der Texte werden auf der Grundlage einer Gliederung zutreffend und mit deutlicher Akzentuierung herausgearbeitet, sodass Inhalt und gedanklicher Aufbau des Textes erkennbar werden.		
11	erfüllt ein weiteres aufgabenbezogenes Kriterium.	(2)	
	Summe erste Teilaufgabe	**28**	

Teilaufgabe 2

	Der Schüler/die Schülerin	maximal erreichbare Punkte	erreichte Punkte
1	vergleicht die **Einschätzung der Motive** und thematisiert dabei z. B. folgende Aspekte: • Gauck hebt als Gewissensentscheidung der militärischen Systemgegner hervor, dass diese eine **neue**, rechtsstaatliche und liberale **Ordnung** errichten wollten, während die Blogger als Grundlage der Gewissensentscheidung ein **nationales Interesse** sehen. • Gauck nimmt bei den Attentätern mit der Abkehr von der Diktatur einen **Gesinnungswandel** wahr, der von den Bloggern nicht anerkannt wird: Sie sehen auch in den „Männer[n] und Frauen vom 20. Juli“ (M 2, Z. 20) Menschen mit antisemitischen, **reaktionär-militaristischen Überzeugungen**. • Die vormalige nationalsozialistische Gesinnung der Attentäter wird von Gauck als Argument genutzt, um die **Tragweite der Gewissensentscheidung** als „Ausweg aus ihrer eigenen Verstrickung“ (M 1, Z. 21) besonders zu betonen, während die Blogger gerade diese Vorgehensweise als Vernachlässigung der **kritikwürdigen politischen Überzeugungen** der Attentäter kritisieren. → Die **Motive** werden in beiden Texten grundsätzlich **unterschiedlich eingeschätzt**.	6	
2	vergleicht die Einschätzung zur **Bedeutung des Attentats** und thematisiert dabei z. B. folgende Aspekte: • Gauck stellt den **zukunftsweisenden Charakter** des Attentats vor die Frage nach dem faktischen Erfolg, was von den Bloggern deutlich kritisiert wird, da sie den „praktischen Zweck“ (M 2, Z. 8) des **Verhinderns von Opfern** für **wichtiger** erachten als die Symbolkraft eines Ereignisses.	6	

- Gauck sieht in dem Umstand, dass sich die Militärs dazu entschlossen haben, ihrem Gewissen zu folgen, eine **nachahmenswerte Handlung**, während die Blogger gerade diese positive Einschätzung als Aufforderung, das Gewissen über das Gesetz zu stellen, und als **Glorifizierung** der „Idee der Nation" (M 2, Z. 37) kritisieren.
- Gerade in der Abwendung von der Diktatur und in der Hinwendung zum Rechtsstaat sieht Gauck die politische Dimension der Entscheidung, die er als Quelle für die **Legitimation der Bundesrepublik** einschätzt. Die Blogger kritisieren diesen Umgang mit der Ambivalenz der politischen Gesinnung als **Aushöhlung des Widerstands** (vgl. M 2, Z. 24 ff.), da nicht genügend berücksichtigt werde, welch aktive, bejahende Rolle Stauffenberg und andere im NS-Staat vorher einnahmen und welche politischen Überzeugungen sie auch später noch hatten.

→ Beide Texte thematisieren, dass das Gedenken an das Attentat zur **Legitimation der Bundesrepublik** als demokratischer Rechtsstaat genutzt wird. Doch während Gauck diese Legitimation ausdrücklich befürwortet und mit dem couragierten Vorgehen der Gruppe des 20. Juli begründet, wird sie von den Bloggern als **unkritische Auseinandersetzung mit der Vergangenheit** angeprangert.

Orientierung für eine 6 Punkten entsprechende Lösungsqualität:
Der Vergleich erfasst in groben Zügen, dass beide Texte von unterschiedlichen Motiven der Attentäter ausgehen und Gaucks Einschätzung zur Bedeutung des Attentats von den Bloggern kritisiert wird. Der Vergleich wird mit je einem Beispiel (für das Item 1 Motive sowie das Item 2 Bedeutungseinschätzung) belegt.

Orientierung für eine 12 Punkten entsprechende Lösungsqualität:
Der Vergleich erfasst differenziert, inwiefern beide Texte von unterschiedlichen Motiven der Attentäter ausgehen und inwiefern gerade die laut Gauck denkwürdigen Aspekte des Attentats von den Bloggern als einseitige Geschichtsbetrachtungen abgelehnt werden. Der Vergleich wird mit je zwei Beispielen belegt.

---

3 stellt einen Bezug der angesprochenen Sachverhalte zum **historischen Kontext** her. Dabei werden z. B. die folgenden Aspekte ausgeführt: 14

2. August 1934; Rolle der Reichswehr im NS-System

- Ernennung Hitlers zum Führer und Reichskanzler (1. August 1934); Inkrafttreten am Todestag Hindenburgs (2. August 1934); seitdem **Treueeid** der Soldaten **auf Hitler** persönlich statt auf Verfassung → Erschwernis für militärischen Widerstand
- anfängliche Befürwortung des Wiederaufstiegs von Deutschland zur politischen und militärischen Großmacht und **Unterstützung Hitlers** durch die Reichswehr; ab 1938 **Abwendung einzelner Militärs** von Hitler und seiner riskanten Außenpolitik → Entwicklung **erster Staatsstreichpläne**, z. B. von Beck, Halder oder von Witzleben

Attentat vom 20. Juli 1944

- konkrete Planungen bereits ab 1943: **Stauffenberg** koordinierte die **Attentatspläne** mit Goerdeler und Beck, unterhielt Beziehungen zum „Kreisauer Kreis"
- Plan sah nicht nur die Ermordung Hitlers vor, sondern auch die von Göring und Himmler, um potenzielle Nachfolger mit auszuschalten
- **Attentat schlug fehl** und Hitler überlebte → Verhaftung der Verschwörer und **Hinrichtung** noch am selben Abend im Hof des Bendlerblocks

- **politische Absichten**
  - Aufbau einer neuen politischen Ordnung mit Rechtsstaatlichkeit, Mitbestimmung, Freiheitsrechten und Anerkennung der unverletzlichen Würde des Menschen
  - Abkehr von der Verfolgung und Unterdrückung bestimmter Volksgruppen
  - Sympathisieren des „Kreisauer Kreises“ mit monarchischer Spitze
  - vorerst war militärischer Ausnahmezustand vorgesehen, in dem von Witzleben der Oberbefehl über die Wehrmacht und auch die exekutive Gewalt übertragen werden sollten

Orientierung für eine 7 Punkten entsprechende Lösungsqualität:
Ein Hauptaspekt wird zutreffend erläutert, wobei grundlegende historische Kenntnisse nachgewiesen werden. Die Darstellung weist keine wesentlichen sachlichen Mängel auf.

Orientierung für eine 14 Punkten entsprechende Lösungsqualität:
Die beiden Aspekte werden ausführlich und detailliert erläutert, wobei breite historische Kenntnisse nachgewiesen werden. Die Darstellung enthält keine sachlichen Fehler.

4	erfüllt ein weiteres aufgabenbezogenes Kriterium.	(4)	
	Summe zweite Teilaufgabe	**26**	

Teilaufgabe 3

	Der Schüler/die Schülerin	maximal erreichbare Punkte	erreichte Punkte
1	prüft die gewählte Position auf Basis eigener Fachkenntnis und formuliert nach sorgfältiger Abwägung eine zustimmende, relativierende oder ablehnende Einschätzung. Genannt werden dabei z. B. die folgenden Aspekte:	26	

Stellungnahme zu Gaucks Position

zustimmend

- zunehmend kritische Haltung im Generalstab der Wehrmacht sowie Inhalte der Grundsatzerklärung sprechen für die Absicht, **politische Neuordnung** zu schaffen
- **Abkehr von der Unterstützung** des NS-Regimes ist tatsächlich bemerkenswert, da viele Offiziere noch unter dem Eindruck der Dolchstoßlegende standen und sich von Hitler in ihrer Einschätzung bestätigt fühlten; **Treueeid** auf Hitler ab dem 2. August 1934 band sie zudem moralisch an den „Führer“ → Abwendung bedeutete ernst zu nehmende Gefahr für die Beteiligten (vgl. „Röhm-Putsch“)
- Widerstandspläne des 20. Juli hatten durch geplanten Putsch mehr **Aussicht auf Erfolg** als andere, weniger umfassend organisierte Widerstandsformen (vgl. Jugendopposition, „Weiße Rose“ usw.) → Würdigung angemessen 26
- Eintreten für Rechtsstaatlichkeit innerhalb einer Diktatur ist denkwürdig und sollte als **positives Beispiel für Zivilcourage** dienen

relativierend

- nur **vage Definition einer politischen Neuordnung** → faktisch nur Militärputsch einer Widerstandsgruppe, die größtenteils Herstellung einer Monarchie befürwortete

- Attentat als Widerstandsform kann als zweifelhaftes Vorbild gesehen werden, weil Grenzziehung für legitime **Gewaltanwendung** unscharf ist
- teilweise wirkt **Gedenken** an militärischen Widerstand des 20. Juli **überdimensioniert** im Vergleich zu anderen Widerstandsformen, die für gelebte moderne Zivilcourage höhere Bedeutung hätten

Stellungnahme zur Position von nevergoinghome

zustimmend

- Gedenken an militärischen Widerstand soll tatsächlich eine positive **Identifikation mit Elementen aus der deutschen Vergangenheit** bewirken
- in Erinnerungen an Attentäter des 20. Juli wird deren Verantwortung für den Aufstieg des Nationalsozialismus tatsächlich oft ausgeblendet oder nur nebenbei erwähnt, was zu **kritikwürdiger Verklärung** führen kann (vgl. Kinofilm „Operation Walküre")
- Verehrung „großer Helden" stellt **andere Widerstandsformen** in den Schatten

relativierend

- **Beurteilung** der antisemitischen und militaristischen Überzeugung der Beteiligten muss tatsächlich auch **im historischen Kontext** erfolgen; nur so gelingt differenziertes Bild des historischen Sachverhalts
- Betonung der ursprünglichen Unterstützung des NS-Regimes durch die Attentäter ist **zu einseitig** → Unterstellung, dass hochrangige Karrieristen nicht zu Gesinnungswandel imstande wären
- nicht nur im Gedenken an militärischen Widerstand wird positive Zukunftswirkung betont, auch an Mitglieder der „Weißen Rose" wird mit der Absicht erinnert, „good germans" zu finden und sie als **Vorbild für gelebte Zivilcourage** zu nutzen, **obwohl** ihr **Widerstand** auch **keinen faktischen Erfolg hatte**

Orientierung für eine 13 Punkten entsprechende Lösungsqualität:
Der Schüler/die Schülerin gelangt zu einem eigenständigen Urteil, wobei drei Aspekte berücksichtigt werden. Die Darstellung weist keine wesentlichen sachlichen Mängel auf und lässt grundlegende historische Kenntnisse erkennen.

Orientierung für eine 26 Punkten entsprechende Lösungsqualität:
Der Schüler/die Schülerin gelangt zu einem abwägenden Urteil, wobei vier Aspekte präzise, umfassend und differenziert berücksichtigt werden. Die Darstellung enthält keine sachlichen Fehler und weist breite historische Kenntnisse nach.

2	erfüllt ein weiteres aufgabenbezogenes Kriterium.	(2)
	Summe dritte Teilaufgabe	**26**
	Summe inhaltliche Leistung (Teilaufgabe 1 bis 3)	**80**

■ **DARSTELLUNGSLEISTUNG von 20 BE (siehe Download)**

Die Politik Bismarcks

Name: ______________________ Datum: __________

Aufgabenstellung

Interpretieren Sie die Bildquelle, indem Sie

1 sie analysieren, 26 BE

2 sie in den historischen Kontext einordnen (14 BE) und die Bedeutung der Bildelemente erläutern (16 BE), 30 BE

3 die Einschätzung des Zeichners bezüglich der historischen Situation beurteilen. 24 BE

M **Karikatur eines anonymen Zeichners: Für die Commission zur Berathung des Socialisten-Gesetzes, 1884**

„Hier, meine Herren, die Auswahl ist diesmal nicht groß! Für eins von beiden müssen Sie sich entscheiden!"

bpk

Anmerkungen

Die Satirezeitschrift *Kladderadatsch*, der die Karikatur entstammt, erschien zwischen 1848 und 1944 wöchentlich.
Das Osterfest lag 1884 Mitte April (14. April 1884).

ERWARTUNGSHORIZONT

Info

Die Karikatur veranschaulicht am Beispiel des Sozialistengesetzes die Ambivalenz parlamentarischer Mitbestimmung im Kaiserreich angesichts der überragenden Machtposition des Reichskanzlers. Genauere Kenntnisse zum Wandel des Verhältnisses der Liberalen und des Zentrums zu Bismarck sowie zur Debatte um das Sozialistengesetz sind für eine vertiefte Interpretation hilfreich, sodass sich die Klausur eher für einen Leistungskurs anbietet.

Unterrichtliche Voraussetzungen:
- politische Grundlagen des Kaiserreichs im zeitgenössischen Kontext
- Bismarcks politische Beziehungen zu Zentrum, Liberalen und SPD
- parlamentarische Mitbestimmung im Kaiserreich, z. B. anhand der Verlängerungen des Sozialistengesetzes (siehe z. B. Tagebücher von Ludwig Bamberger)
- eigenständige, sach- und fachgerechte Interpretation nichtsprachlicher Quellen
- Bewertung des politischen Charakters des 1871 entstandenen Staats unter Berücksichtigung unterschiedlicher Perspektiven

■ INHALTLICHE LEISTUNG

Teilaufgabe 1

	Der Schüler/die Schülerin	maximal erreichbare Punkte	erreichte Punkte
1	macht bei der Vorstellung der Quelle deutlich, dass der **Zeichner** unbekannt ist und benennt als **Adressaten** die eher liberalen Leser des Wochenblatts *Kladderadatsch*.	2	
2	bestimmt die **Quellengattung** als politische Karikatur.	2	
3	nennt das **Thema** der Karikatur: Bismarcks Verhandlung mit dem Zentrum sowie den Liberalen bezüglich der Verlängerung des Sozialistengesetzes	2	
4	benennt **Zeitpunkt und Ort** des Erscheinens (satirisches Wochenblatt *Kladderadatsch* 1884) und nimmt eine **kontextuelle Einordnung** vor (Streben Bismarcks nach Verlängerung des Sozialistengesetzes von 1878, wozu er eine Mehrheit im Reichstag benötigte).	2	
5	arbeitet als **Absicht (Intention)** heraus, dass der Zeichner die Einschränkung der legislativen Rechte des Reichstags durch den Reichskanzler kritisiert (nur scheinbare legislative Gewalt angesichts einer drohenden Auflösung des Reichstags).	2	
6	beschreibt die folgenden **Elemente** der Karikatur und ihren **Aufbau:** • Überschrift „Für die Commission zur Berathung des Socialisten-Gesetzes“ • Vordergrund und Zentrum: Mann, der eindeutig als **Otto von Bismarck** zu identifizieren ist; Kopf in Übergröße gezeichnet, vergleichsweise kleiner Körper in einer eleganten Uniform; Oberkörper leicht vorgebeugt, Blick streng nach vorn gerichtet; in den Händen hält er **zwei Eier**, beschriftet mit „Socialisten GESETZ“ und „Auflösung“, die er einer Gruppe von vier Männern präsentiert; Ei mit „Socialisten GESETZ“ hält er weiter vorne	16	

	• rechte Bildhälfte: **Gruppe von 4 Männern**, von denen die beiden vorderen als Ludwig Windthorst (mit Brille, Vorsitzender der Zentrumspartei) und Heinrich von Treitschke (mit Bart, nationalliberaler Politiker) zu identifizieren sind; Männer blicken kritisch auf die beiden Eier; weiter hinten stehende Politiker recken ihre Köpfe, um die angebotene Ware besser erkennen zu können; Männer sind in vornehme Anzüge gekleidet und insgesamt kleiner als Bismarck gezeichnet; Köpfe proportional etwas zu groß geraten, Körper wirken jedoch schmächtiger als der von Bismarck; Gruppe nimmt nur ungefähr so viel Raum ein wie die Figur Bismarck allein • Hintergrund: langer Tisch als Ablage, auf dem einige einzelne Eier verteilt liegen und auf dem sich **zwei mit Eiern gefüllte Körbe** befinden; Körbe mit Schildern, auf denen „Entweder“ und „Oder?“ steht • **Bildunterschrift:** „Hier, meine Herren, die Auswahl ist diesmal nicht groß! Für eins von beiden müssen Sie sich entscheiden!“ *Orientierung für eine 8 Punkten entsprechende Lösungsqualität:* Die Hauptelemente der Karikatur werden zutreffend beschrieben. *Orientierung für eine 16 Punkten entsprechende Lösungsqualität:* Hauptelemente und Bildaufbau der Karikatur werden systematisch, zutreffend und detailliert beschrieben.		
7	erfüllt ein weiteres aufgabenbezogenes Kriterium.	(4)	
	Summe erste Teilaufgabe	**26**	

Teilaufgabe 2

	Der Schüler/die Schülerin	maximal erreichbare Punkte	erreichte Punkte
1	stellt den **historischen Kontext und Problemzusammenhang** her. Folgende Aspekte können z. B. angeführt werden: Maßgebliche **Beeinflussung der Reichseinigung** sowie der Innen- und Außenpolitik des Deutschen Kaiserreichs **durch Bismarck** • Bismarcks **„Blut-und Eisen-Rede“ 1862:** Abneigung gegen „Reden“ und parlamentarische Mehrheitsbeschlüsse • Gestaltung der **Verfassung des Deutschen Kaiserreichs** durch Bismarck (Kaisertum, starker Reichskanzler, Rolle des Parlaments) • **Parteienlandschaft** (Konservative, Zentrum, Liberale, Sozialdemokraten): – **liberale Parteien** im Zwiespalt von eigenen politischen Überzeugungen (z. B. Anerkennung der politischen Freiheiten aller Parteien) und parlamentarischem Taktieren (Kompromissbereitschaft, um Auflösung des Reichstags zu verhindern) – **Zentrum** auf der Suche nach Stabilisierung im Anschluss an Repressionen des „Kulturkampfs“ – Stimmengewinne für **Sozialdemokraten**, die als Sprachrohr der Arbeiter den Obrigkeitsstaat angriffen • Bismarcks **Kampf gegen die sogenannten Reichsfeinde:** – **„Kulturkampf“ gegen Katholiken** (1871–1887): Auseinandersetzung um Einflussnahme auf Politik und Staat, „Kanzelparagraph“, Auflösung der Jesuitenorden, Verstaatlichung des Schulwesens, Entzug staatlicher Zuwendungen	14	

– **Sozialistengesetz** (1878–1890): Verbot sozialistischer Vereine, Presse usw., um regierungskritische Sozialdemokraten zu schwächen

- **Sozialgesetzgebung** (ab 1883): staatliche Unfall-, Kranken-, Alters- und Invaliditätsversicherung, um Wählerschaft der Sozialdemokraten an den Staat zu binden

Orientierung für eine 7 Punkten entsprechende Lösungsqualität:
Drei Aspekte werden in Grundzügen erläutert und zur Quelle in Beziehung gesetzt. Die Darstellung enthält keine wesentlichen sachlichen Mängel und weist grundlegende historische Kenntnisse nach.

Orientierung für eine 14 Punkten entsprechende Lösungsqualität:
Fünf Aspekte werden auf der Grundlage breiter historischer Kenntnisse detailliert erläutert und sachgerecht auf die Karikatur bezogen. Die Darstellung enthält keine sachlichen Fehler.

---

2 **erläutert** unter Bezug auf die in Teilaufgabe 1 gegebene Beschreibung und auf die Besonderheit dieser Quellengattung (Symbolik und Überzeichnung der bildlichen Mittel) die **Bedeutung der Bildelemente in ihrem Zusammenhang**, so z. B.: 16

- **Bismarcks Dominanz im Bild:** große **Machtbefugnisse des Reichskanzlers**, da er als Vorsitzender des Bundesrats mit Zustimmung des Kaisers die Auflösung des Reichstags bewirken konnte. Damit war er in der Lage, die Abgeordneten des Reichstags bezüglich ihrer politischen Entscheidungen unter Druck zu setzen.
- **Angebot der Eier:** trotz großer Macht des Reichskanzlers konnte **Gesetzgebung ohne den Reichstag nicht gelingen**; Bismarck war auf Mehrheit im Reichstag angewiesen, die er während seiner Amtszeit mit Druck und wohldosierten Zugeständnissen zu erreichen suchte; Auswahl existiert für die Abgeordneten nur zum Schein: Sie konnten Gesetzesvorschlag entweder zustimmen oder die Auflösung des Reichstags hinnehmen (zeigt auch **Beschriftung der beiden Körbe**)
- **Sozialistengesetz:** Das als Reaktion auf zwei Attentate auf den Kaiser 1878 erstmalig erlassene „Gesetz gegen die gemeingefährlichen Bestrebungen der Sozialdemokratie" musste in den darauffolgenden Jahren immer wieder neu verabschiedet und damit auch vor dem Reichstag legitimiert werden. → konservatives Zentrum wollte Eindämmung der Sozialisten zustimmen, Liberale hatten diesbezüglich mehr Skrupel
- zurückhaltende **Skepsis des Zentrumspolitikers und der Liberalen** lässt sie kritisch, aber unsicher wirken; optisch kleiner gezeichnet können sie dem Reichskanzler **kein Gegengewicht** bieten; sie wirken nicht rebellisch und scheinen sich in die angebotene Wahl zu fügen
- Bildunterschrift: unterstreicht Anschein einer Auswahl, die aber eigentlich keine ist

zusammenfassende Deutung
Die Karikatur illustriert, dass Bismarck seine Macht als Reichskanzler (zur Auflösung des Reichstags) ausnutzte, um Reichstagsabgeordnete unter Druck zu setzen, das Sozialistengesetz mitzutragen. Durch die drohende Auflösung des Reichstags wirken die Abgeordneten hilflos.

Orientierung für eine 8 Punkten entsprechende Lösungsqualität:
Zwei Bildelemente werden zutreffend erläutert und die Karikatur wird in ihrer Tendenz plausibel gedeutet. Die Darstellung enthält keine gravierenden sachlichen Mängel.

	Orientierung für eine 16 Punkten entsprechende Lösungsqualität: Drei Bildelemente der Karikatur werden in ihrer Bedeutung plausibel und differenziert erläutert. Die Darstellung enthält keine sachlichen Fehler.		
3	erfüllt ein weiteres aufgabenbezogenes Kriterium.	(4)	
	Summe zweite Teilaufgabe	**30**	

Teilaufgabe 3

	Der Schüler/die Schülerin	maximal erreichbare Punkte	erreichte Punkte
1	**beurteilt die Einschätzung des Zeichners.** Denkbar sind z. B. Aussagen zu folgenden Aspekten: **Zustimmung** • **Dominanz des Reichskanzlers** wird ebenso wie seine Taktik zutreffend dargestellt (vgl. „Blut und Eisen“) • drohende **Auflösung des Reichstags** wirkte als bewährtes **Machtinstrument** gegen potenzielle politische Opposition und hemmte legislative Macht des Reichstags • Karikatur stellt richtig dar, dass Liberale **eigentlich keine Wahl** haben **Relativierung** • Abgeordnete ließen sich von Bismarck ausspielen: **konkurrierende Interessen** führten dazu, dass sie seinen Entscheidungen folgten, wenn sie sich davon Vorteile für ihre eigene Partei versprachen (z. B. Zentrum: erst „Kulturkampf“, dann ab 1887 regierungsstützende Partei) • **Komplexität der politischen Winkelzüge wird** von der Karikatur **nicht erfasst:** Bismarck scheint „Sozialistengesetz“-Ei in den Vordergrund zu schieben, hofft aber eher auf Ablehnung und Reichstagsauflösung; Liberale erscheinen interessiert, lehnen das Sozialistengesetz aber eher ab und versuchen mit einer Annahme, die Reichstagsauflösung zu verhindern, um eigene Macht zu stabilisieren **Fazit** Die Einschätzung des Zeichners ist hinsichtlich der Taktik Bismarcks zutreffend, lässt aber die politische Verantwortung der Parteien und ihre machtpolitischen Winkelzüge zu sehr in den Hintergrund treten. *Orientierung für eine 12 Punkten entsprechende Lösungsqualität:* Der Schüler/die Schülerin gelangt unter Bezugnahme auf die Karikatur zu einem triftigen Urteil, wobei zwei Aspekte berücksichtigt werden. Die Darstellung enthält keine wesentlichen sachlichen Mängel. *Orientierung für eine 24 Punkten entsprechende Lösungsqualität:* Der Schüler/die Schülerin gelangt unter Bezugnahme auf die Karikatur zu einem abwägenden und differenzierten Urteil, wobei drei Aspekte berücksichtigt werden. Die Darstellung enthält keine sachlichen Fehler.	24	
2	erfüllt ein weiteres aufgabenbezogenes Kriterium.	(4)	
	Summe dritte Teilaufgabe	**24**	
	Summe inhaltliche Leistung (Teilaufgabe 1 bis 3)	**80**	

■ **DARSTELLUNGSLEISTUNG von 20 BE (siehe Download)**

Vernichtungskrieg und Völkermord

Name: ______________________ Datum: __________

Aufgabenstellung

Interpretieren Sie die vorliegende Quelle, indem Sie

1 sie analysieren, 28 BE

2 die Aussagen zur Kriegführung im Osten mit Bezug zum historischen Kontext erläutern (16 BE) sowie Hitlers Standpunkt dazu charakterisieren (10 BE) und 26 BE

3 seinen Standpunkt unter Einbeziehung der Kriegführung in den folgenden Kriegsjahren bewerten. 26 BE

M Protokoll Martin Bormanns: Hitler zur Kriegführung im Osten, 16. 7. 1941

Martin Bormann (1900–1945) war ein hoher Parteifunktionär der NSDAP und einer der wichtigsten Vertrauten Hitlers. Sein Protokoll einer Besprechung im Führerhauptquartier am 16. Juli 1941 enthält Ausführungen Hitlers vor hohen Militär- und Verwaltungsbeamten des „Dritten Reichs" über die Kriegführung im Osten.

Geheime Reichssache!

Führerhauptquartier, 16. 7. 1941 […]

Wesentlich sei es nun, dass wir unsere Zielsetzung nicht vor der ganzen Welt bekanntgäben; dies sei auch nicht notwendig, sondern die Hauptsache sei, dass wir selbst wüssten, was wir wollten. […]

Wir werden also wieder betonen, dass wir gezwungen waren, ein Gebiet zu besetzen, zu ordnen und zu sichern; im Interesse der Landeseinwohner müssten wir für Ruhe, Ernährung, Verkehr usw. usw. sorgen; deshalb unsere Regelung. Es soll also nicht erkennbar sein, dass sich damit eine endgültige Regelung anbahnt! Alle notwendigen Massnahmen – Erschiessen, Aussiedeln etc. – tun wir trotzdem und können wir trotzdem tun.

Wir wollen uns aber nicht irgendwelche Leute vorzeitig und unnötig zu Feinden machen. Wir tun also lediglich so, als ob wir ein Mandat ausüben wollten. Uns muss aber dabei klar sein, dass wir aus diesen Gebieten nie wieder herauskommen.

Demgemäß handelt es sich darum:
1. Nichts für die endgültige Regelung zu verbauen, sondern diese unter der Hand vorzubereiten;
2. wir betonen, dass wir die Bringer der Freiheit wären.

Im Einzelnen:
Die Krim muss von allen Fremden geräumt und deutsch besiedelt werden.

Ebenso wird das alt-österreichische Galizien Reichsgebiet. […]

Grundsätzlich kommt es also darauf an, den riesenhaften Kuchen handgerecht zu zerlegen, damit wir ihn erstens beherrschen, zweitens verwalten und drittens ausbeuten können.

Die Russen haben jetzt einen Befehl zum Partisanen-Krieg hinter unserer Front gegeben. Dieser Partisanenkrieg hat auch wieder seinen Vorteil: er gibt uns die Möglichkeit, auszurotten, was sich gegen uns stellt.

Grundsätzliches:

Die Bildung einer militärischen Macht westlich des Ural darf nie wieder in Frage kommen und wenn wir hundert Jahre darüber Krieg führen müssten. Alle Nachfolger des Führers müssen wissen: die Sicherheit des Reiches ist nur dann gegeben, wenn westlich des Ural kein fremdes Militär existiere; den Schutz dieses Raumes vor allen eventuellen Gefahren übernimmt Deutschland. Eiserner Grundsatz muss sein und bleiben:

Nie darf erlaubt werden, dass ein Anderer Waffen trägt, als der Deutsche!

Dies ist besonders wichtig; selbst wenn es zunächst leichter erscheint, irgendwelche fremden unterworfenen Völker zur Waffenhilfe heranzuziehen, ist es falsch! Es schlägt unbedingt und unweigerlich eines Tages gegen uns aus. Nur der Deutsche darf Waffen tragen, nicht der Slawe, nicht der Tscheche, nicht der Kossak[1] oder der Ukrainer! [...]

Aus den neugewonnenen Ostgebieten müssen wir einen Garten Eden machen; sie sind für uns lebenswichtig; Kolonien spielen dagegen eine ganz untergeordnete Rolle.

Auch wenn wir einzelne Gebietsteile jetzt schon abteilen, immer müssen wir als Schützer des Rechts und der Bevölkerung vorgehen. Demgemäss seien die jetzt notwendigen Formulierungen zu wählen; wir sprechen nicht von einem neuen Reichsgebiet, sondern von einer durch den Krieg notwendigen Aufgabe.

Quelle: Aktenvermerk vom 16. Juli 1941, in: Der Prozess gegen die Hauptkriegsverbrecher vor dem Internationalen Militärgerichtshof. Nürnberg 14. November 1945–1. Oktober 1946. Band XXXVIII, Amtlicher Text – Deutsche Ausgabe, Urkunden und anderes Beweismaterial. Nürnberg 1949. Fotomechanischer Nachdruck: München, Delphin Verlag 1989. Dokument 221-L, S. 86–94. http://germanhistorydocs.ghi-dc.org/sub_document.cfm?document_id=1549

Anmerkung

1 Kossak: Kosake, Angehöriger einer Volksgruppe, die ursprünglich aus freien Reiterverbänden hervorging und in der Sowjetunion um ihre Unabhängigkeit kämpfte

ERWARTUNGSHORIZONT

Info In Martin Bormanns Protokoll von einer Besprechung im Führerhauptquartier werden sowohl wirtschaftliche als auch rassische Gesichtspunkte deutlich, die der Besatzungspolitik zugrunde lagen. Das Schriftstück eignet sich daher besonders für eine Auseinandersetzung mit dem Charakter des Zweiten Weltkriegs als Vernichtungskrieg.

Unterrichtliche Voraussetzungen:

- wesentliche Elemente der NS-Ideologie sowie deren Ursprünge und Funktion im Herrschaftssystem (Rassismus, Antisemitismus, Lebensraumpolitik)
- Zusammenhang von Vernichtungskrieg und Völkermord an der jüdischen Bevölkerung (z. B. Vergleich des zeitgenössischen Völkerrechts mit Vorgehen der Wehrmacht in Osteuropa, Zusammenhang von Ideologie und Kriegführung)
- Handlungsspielräume der zeitgenössischen Bevölkerung im Umgang mit der NS-Diktatur
- eigenständige, sach- und fachgerechte Interpretation von Textquellen (z. B. „Liebmann-Aufzeichnung“, Weisung Nr. 21 „Fall Barbarossa“, „Kommissarbefehl“, „Wannsee-Protokoll“)

■ INHALTLICHE LEISTUNG

Teilaufgabe 1

	Der Schüler/die Schülerin	maximal erreichbare Punkte	erreichte Punkte
1	nennt Martin Bormann als Protokollanten und Adolf Hitler als Urheber und damit eigentlichen **Autor** der Aussagen sowie als **Adressaten** Militärs, Minister und weitere Vertraute im Führerhauptquartier.	2	
2	charakterisiert die **Quellenart** als Schriftquelle und die **Textsorte** als Besprechungsprotokoll.	2	
3	nimmt eine kurze **historische Einordnung** vor: deutscher Angriff auf die UdSSR am 22. Juni 1941, also knapp 4 Wochen zuvor; Bündnis zwischen England und UdSSR vom 12. Juli 1941	2	
4	arbeitet das **Thema** heraus: Erläuterung der Diskrepanz zwischen tatsächlicher Zielsetzung des Kriegs im Osten und den öffentlichen Verlautbarungen darüber im Ausland	2	
5	geht auf die **Intention** des Redners ein: strategische Anweisungen für Minister und militärische Befehlshaber	4	
6	gibt **Inhalt und Gedankengang** wieder: **Erläuterung der Blendungsstrategie gegenüber dem Ausland** (vgl. Z. 3–16) • Ziele sollen nicht bekannt gegeben werden, stattdessen soll der Schein eines „Mandat[s]“ (Z. 12) gewahrt werden, das zur Besetzung, Ordnung und Sicherung eines Gebiets notwendig sei • Durchführung aller geplanten Maßnahmen wie „Erschiessen, Aussiedeln etc.“ (Z. 9 f.) in dem Bewusstsein einer dauerhaften Besatzung → **Zusammenfassung:** heimliche Vorbereitung einer endgültigen Regelung (= Eroberung und dauerhafte Besatzung), aber nach außen Anschein von Friedfertigkeit wahren (vgl. Z. 15 f.)	16	

Konkretisierung der Maßnahmen bezüglich Russlands (vgl. Z. 17–24)
- Räumung der Krim und deutsche Besiedelung
- Galizien soll Reichsgebiet werden
- Zielsetzung in Russland: beherrschen, verwalten, ausbeuten
- „Partisanen-Krieg" (Z. 22) gebe die willkommene Möglichkeit, Gegner „auszurotten" (Z. 23)

allgemeine Zielsetzung bezüglich des Ostens bis zum Ural (vgl. Z. 25–37)
- bis zum Ural dürfe **neben den Deutschen keine militärische Macht** existieren: kein russisches Militär, aber auch keine Waffenhilfe durch Bewohner unterworfener Staaten
- Ostgebiete müssten attraktives deutsches Reichsgebiet werden („Garten Eden", Z. 36), Kolonien seien demgegenüber unwichtig

abschließende Wiederholung der Blendungsstrategie hinsichtlich des passenden Sprachgebrauchs
- Bezeichnung der Eroberer als „Schützer des Rechts" (Z. 38 f.) und der Gebietsveränderungen als Vollzug einer „durch den Krieg notwendigen Aufgabe" (Z. 40 f.) statt Offenlegung der Absicht, neues Reichsgebiet zu erobern

Orientierung für eine 8 Punkten entsprechende Lösungsqualität:
Die Hauptaussagen der Quelle werden, z. B. im textdurchschreitenden Verfahren, zutreffend wiedergegeben.

Orientierung für eine 16 Punkten entsprechende Lösungsqualität:
Die Hauptaussagen der Quelle werden auf der Grundlage einer Gliederung differenziert herausgearbeitet, sodass Inhalt und gedanklicher Aufbau der Quelle präzise erfasst werden.

7	erfüllt ein weiteres aufgabenbezogenes Kriterium.	(2)	
	Summe erste Teilaufgabe	**28**	

Teilaufgabe 2

	Der Schüler/die Schülerin	maximal erreichbare Punkte	erreichte Punkte
1	erläutert die Ausführungen zur Kriegführung im Osten mit Bezug zum historischen Kontext. Unter Berücksichtigung expliziter Textbezüge werden z. B. folgende Aspekte ausgeführt:	16	

„unsere Zielsetzung nicht vor der ganzen Welt bekanntgäben" (Z. 3)
- **Wahrung eines friedlichen Anscheins** prägte bereits 1933–1939 die Außenpolitik (vgl. Nichtangriffspakt mit Polen 1934, Flottenabkommen 1935, Münchner Abkommen 1938)
- **Täuschung** zeigte sich bei Verlassen des Völkerbunds, in Aufrüstung, bei „Anschluss" Österreichs oder Bruch des Hitler-Stalin-Pakts vom 23. August 1939
- **Geheimhaltung als strategische Entscheidung**, um alliierten Bündnissen keinen Anlass für ein noch entschlosseneres militärisches Vorgehen zu geben und um die eigenen Bündnispartner nicht zu schockieren

„Wir werden also wieder betonen, dass wir gezwungen waren, ein Gebiet zu besetzen“ (Z. 6)

- deutscher Angriff auf die UdSSR am 22. Juni 1941 (Bruch des Hitler-Stalin-Pakts vom 23. August 1939)
- Zielsetzung in Ostgebieten (beherrschen, verwalten, ausbeuten) entspricht ursprünglichen Plänen zur Eroberung von Lebensraum im Osten (anstelle von Kolonien), vgl. „Mein Kampf“

„auszurotten, was sich gegen uns stellt“ (Z. 23 f.)

- Festlegung der **menschenverachtenden Besatzungspolitik** schon vor Kriegsbeginn u. a. im sogenannten Kommissarbefehl (6. Juni 1941); „Partisanen-Krieg“ (Z. 22) als willkommener Vorwand zur Rechtfertigung des Vorgehens
- Fortführung der Vernichtungspolitik im **Holocaust**

Orientierung für eine 8 Punkten entsprechende Lösungsqualität:
Zwei Aspekte werden in Grundzügen erläutert und zur Quelle in Beziehung gesetzt. Die Darstellung enthält keine wesentlichen sachlichen Mängel und weist grundlegende historische Kenntnisse nach.

Orientierung für eine 16 Punkten entsprechende Lösungsqualität:
Drei Aspekte werden auf der Grundlage breiter historischer Kenntnisse detailliert und zusammenhängend erläutert und sachgerecht auf die Quelle bezogen. Die Darstellung enthält keine sachlichen Fehler.

2	charakterisiert Hitlers Standpunkt zur Kriegführung im Osten. Dabei führt er/sie unter Berücksichtigung expliziter Textbezüge z. B. folgende Aspekte aus: • Standpunkt ist von nationalsozialistischer Ideologie geprägt: – Eroberung von Lebensraum (im Osten) – Sozialdarwinismus/Rassismus: Vorstellung vom slawischen Untermenschen • **Blendungsstrategie:** Diskrepanz zwischen **Propaganda** („Bringer der Freiheit“, Z. 16; „Schützer des Rechts“, Z. 38 f.; Notwendigkeit, ein Gebiet zu ordnen und zu sichern) und **völkerrechtswidriger Realität** (Ausbeutung in Ostgebieten, Ausrottung von Gegnern) • Kennzeichnung der Kriegführung im Osten als **Vernichtungskrieg** (Verstoß gegen Völkerrecht, Willkür gegenüber sogenannten Partisanen, rassistisch motivierte Brutalität gegenüber einheimischer Bevölkerung, wirtschaftliche Ausbeutung) *Orientierung für eine 5 Punkten entsprechende Lösungsqualität:* Insgesamt zwei Aspekte werden in Grundzügen ausgeführt und zur Quelle in Beziehung gesetzt. Die Darstellung enthält keine wesentlichen sachlichen Mängel und weist grundlegende historische Kenntnisse nach. *Orientierung für eine 10 Punkten entsprechende Lösungsqualität:* Insgesamt drei Aspekte werden auf der Grundlage breiter historischer Kenntnisse detailliert ausgeführt und sachgerecht auf die Aussagen der Quelle bezogen. Die Darstellung enthält keine sachlichen Fehler.	10	
3	erfüllt ein weiteres aufgabenbezogenes Kriterium.	(4)	
	Summe zweite Teilaufgabe	**26**	

Teilaufgabe 3

	Der Schüler/die Schülerin	maximal erreichbare Punkte	erreichte Punkte
1	geht kritisch auf Hitlers Standpunkt ein, indem er/sie dessen Aussagen sowohl im historischen Zusammenhang als auch im Vergleich mit eigenen Wertmaßstäben bewertet. Dabei berücksichtigt er/sie z. B. folgende Aspekte: **Bewertung der Aussagen im Kontext der bisherigen und zukünftigen Kriegführung (Sachurteilsebene)** • Inhalte des Besprechungsprotokolls gehen **konform mit vorherigen Befehlen** (z. B. „Kommissarbefehl" und „Richtlinien für das Verhalten der Truppe in Rußland") und verstoßen ebenso wie diese gegen geltendes Völker- und Kriegsrecht • Blendungsstrategie erscheint eher ungewöhnlich, da **Hitlers Absichten** (u. a. mit Kenntnis von „Mein Kampf" und der vorangegangenen Kriegführung) 1941 auch im Ausland **offensichtlich** gewesen sein dürften • Absage an **Waffenhilfe durch andere unterworfene Völker** erscheint unter dem Aspekt der Rassenideologie plausibel, unter dem Aspekt der Stärkung eigener Ressourcen jedoch strategisch unklug → ab Ende 1941: Gründung von ausländischen Kampfverbänden sowie Aufnahme von Angehörigen unterworfener Völker in die Waffen-SS **Bewertung nach modernen Maßstäben (Werturteilsebene)** Das Besprechungsprotokoll offenbart: • die menschenverachtenden Grundlagen eines rassistisch motivierten **Vernichtungskriegs im Osten.** • die **„Lug- und Trug"-Strategie der Propaganda**, die nach außen das verantwortungsbewusste Bild einer Mandatsherrschaft suggerieren soll, während die Vernichtung der Zivilbevölkerung längst beschlossen ist. *Orientierung für eine 13 Punkten entsprechende Lösungsqualität:* Der Schüler/die Schülerin gelangt auf der Grundlage von drei Teilaspekten zu einer nachvollziehbaren und sachgerechten Argumentation. Die Darstellung enthält keine wesentlichen sachlichen Mängel. *Orientierung für eine 26 Punkten entsprechende Lösungsqualität:* Der Schüler/die Schülerin entwickelt eine differenzierte Argumentation auf der Grundlage von insgesamt vier Teilaspekten aus beiden Hauptaspekten (Sach- und Werturteilsebene). Die Darstellung enthält keine sachlichen Fehler.	26	
2	erfüllt ein weiteres aufgabenbezogenes Kriterium.	(2)	
	Summe dritte Teilaufgabe	**26**	
	Summe inhaltliche Leistung (Teilaufgabe 1 bis 3)	**80**	

■ **DARSTELLUNGSLEISTUNG von 20 BE (siehe Download)**

Internationale Beziehungen im Kalten Krieg

Name: ______________________ Datum: __________

Aufgabenstellung

Interpretieren Sie die vorliegende Quelle, indem Sie

1 sie analysieren, 24 BE

2 sie in den historischen Kontext einordnen (12 BE) und die Bedeutung der zentralen Bildelemente erläutern (16 BE) sowie 28 BE

3 die in der Karikatur zum Ausdruck gebrachte Sichtweise beurteilen. 28 BE

M Karikatur von David Low[1] aus dem *Evening Standard*[2], 1. Februar 1949

Beschriftung auf Schild: Europäische Union – endlich im Aufbau
Aufschrift unten rechts: „Herzlichen Glückwunsch, Joe! Ohne deine Inspiration wäre dies nicht zustande gekommen!"

David Low, Evening Standard am 1. Februar 1949, London; https://www.cvce.eu/de/obj/karikatur_von_low_zu_den_auswirkungen_des_kalten_krieges_auf_das_vorhaben_eines_geeinten_europas_1_februar_1949-de-248a65df-e4d9-4857-85cd-aea943d575b2.html

Anmerkungen

1 David Low (1891–1963): britischer politischer Karikaturist, der von 1926–1949 beim *Evening Standard* arbeitete

2 *Evening Standard*: 1827 gegründete, regionale Gratis-Zeitung für London und Südwestengland

ERWARTUNGSHORIZONT

Info

David Low ist den meisten Schülern eher als Karikaturist zu Themenbereichen des Nationalsozialismus und des Zweiten Weltkriegs bekannt. Sie wissen also wahrscheinlich, dass er ein erklärter Gegner totalitärer Regime sowie ein vehementer Verfechter der Demokratie war, was auch in der vorliegenden Karikatur in der Verspottung Stalins zum Ausdruck kommt.

Unterrichtliche Voraussetzungen:

- Entwicklung der internationalen Beziehungen nach dem Zweiten Weltkrieg sowie des Prozesses der europäischen Einigung bis zur Gründung der Europäischen Union, insbesondere: Konferenzen der Alliierten zur Nachkriegsordnung, Marshallplan, wirtschaftliche Spaltung (Währungsreformen, Gründung von OEEC und RGW, Montanunion), Berlin-Blockade
- Grundsätze, Zielsetzungen und Beschlüsse der Verhandlungspartner von 1945 sowie deren Folgeerscheinungen
- Konfliktlage des Kalten Kriegs
- Bedeutung des europäischen Einigungsprozesses für den Frieden in Europa und für Europas internationale Beziehungen
- Interpretation von Karikaturen

INHALTLICHE LEISTUNG

Teilaufgabe 1

	Der Schüler/die Schülerin	maximal erreichbare Punkte	erreichte Punkte
1	nennt als **Zeichner** den britischen Karikaturisten David Low, benennt als **Herkunft** der Karikatur den *Evening Standard* und als **Adressatenkreis** die Leserschaft des *Evening Standard* in London und Südwestengland (Gratis-Zeitung spricht ein breites Publikum an).	2	
2	bestimmt die **Quellengattung** als politische Karikatur mit sprachlichen Anteilen, veröffentlicht in einer regionalen Tageszeitung.	2	
3	nennt **Zeitpunkt** und **Anlass** der Veröffentlichung: 1. Februar 1949, Verschärfung des Ost-West-Konflikts im Verlauf des Jahres 1948, Gründung des „Rats für gegenseitige Wirtschaftshilfe“ am 25. Januar 1949 als Reaktion auf die Einrichtung des OEEC und auf den Marshallplan	2	
4	arbeitet das **Thema** heraus: Verantwortung des sowjetischen Staatschefs Stalin für die Konstituierung einer europäischen Gemeinschaft unter Ausschluss der Sowjetunion	2	
5	geht auf die **Intention** des Zeichners ein: Spott über die kontraproduktive Abschottung Stalins von den europäischen Aufbaumaßnahmen, mit denen er ungewollt die europäische Einigung stärkt	4	
6	beschreibt folgende Elemente der Karikatur: **linke Bildhälfte** • **zwei Männer**, von denen der rechte im Profil, der linke leicht dem Betrachter zugewandt zu sehen ist • Mann auf der linken Seite: buschiger Schnauzbart; volles, zurückgekämmtes Haar → als **Josef Stalin** zu identifizieren; helle Uniformjacke	12	

	mit Schulterklappen, schwarze Hose; leicht zurückgeneigter Oberkörper, linker Arm angewinkelt und Finger der linken Hand gespreizt, rechte Hand ausgestreckt und von der anderen Person umfasst; die vom Gegenüber abgewandten Gesichtszüge deuten ein verlegen lachendes, zufriedenes Gesicht an • **Mann rechts neben Stalin:** helles, langes, wallendes Gewand mit sehr weiten Ärmeln (Aufschrift „History" auf seinem linken Ärmel); langer Vollbart, Glatze und Brille; aufrecht stehend, nur leicht zurückgebeugt und um einen Kopf größer als Stalin; geöffneter Mund und gesamte Mundpartie wirken zufrieden bis fröhlich, die Augen blicken auf Stalin hinab; beide Hände sind weit nach vorn ausgestreckt und umfassen die rechte Hand Stalins **rechte Bildhälfte** • oberes Drittel: **riesige Pakete**, größtenteils von einem Schild mit der Aufschrift „EUROPEAN UNION – UNDER CONSTRUCTION AT LAST" verdeckt • **vier Männer** arbeiten an den Paketen: Mann links unten trägt einen Balken, der rechte scheint ein Paket zu stabilisieren, der mittlere bückt sich gerade; weit oben, oberhalb des Schildes, arbeitet ein Mann auf einem Gerüst; alle Männer tragen, soweit erkennbar, Arbeitskleidung und Kopfbedeckungen **Hintergrund** • große Stahlträger (teilweise nur angedeutet); Szenerie in großer, im Aufbau befindlicher Halle **Bildunterschrift** • „CONGRATULATIONS, JOE! IT COULD NEVER HAVE BEEN BEGUN WITHOUT YOUR INSPIRATION!" • Aussage ist Mann mit Vollbart zuzuordnen (Anrede „Joe" als Kurzform für den Namen Josef auf Stalin bezogen) *Orientierung für eine 6 Punkten entsprechende Lösungsqualität:* Die Hauptelemente der Karikatur werden im Wesentlichen zutreffend beschrieben. *Orientierung für eine 12 Punkten entsprechende Lösungsqualität:* Hauptelemente und Bildaufbau der Karikatur werden zutreffend und detailliert beschrieben.		
7	erfüllt ein weiteres aufgabenbezogenes Kriterium.	(2)	
	Summe erste Teilaufgabe	**24**	

Teilaufgabe 2

	Der Schüler/die Schülerin	maximal erreichbare Punkte	erreichte Punkte
1	ordnet die Quelle in ihren historischen Kontext ein. Folgende Aspekte können z. B. ausgeführt werden: • **Marshallplan**, eigentlich European Recovery Program (ERP) von Juni 1947: – Hilfsprogramm der USA für Europa, um Wirtschaft zu stärken und Ausbreitung des Kommunismus zu verhindern – Bedingung: Verständigung der europäischen Länder auf gemeinsame wettbewerbsorientierte Wirtschaftsordnung	12	

– osteuropäische Staaten nehmen unter Druck Stalins nicht teil
– Hilfsmaßnahmen: Kredite, Waren, Rohstoffe und Lebensmittel

- Scheitern der Zusammenarbeit im **Alliierten Kontrollrat** (20. März 1948) und Entscheidung der **Londoner Sechs-Mächte-Konferenz** (23. Februar bis 3. Juni 1948), einen westdeutschen Teilstaat zu errichten, zeigt Spannungen zwischen Westalliierten und der Sowjetunion
- **Währungsreformen** in westlichen Besatzungszonen (20. Juni 1948) und in SBZ (23. Juni 1948) → Eskalation des Ost-West-Konflikts mit **Berlin-Blockade** (24. Juni 1948–12. Mai 1949)
- Gründung der Organisation für europäische wirtschaftliche Zusammenarbeit **(OEEC)** am 16. April 1948 zur besseren Koordinierung der Marshallplan-Hilfen → Reaktion: Gründung des osteuropäischen Rats für gegenseitige Wirtschaftshilfe **(RGW)** am 25. Januar 1949
- weitere Spaltung durch Verhandlungen der Westmächte zur Gründung der **NATO** ab Dezember 1948 und die **Gründung beider deutscher Staaten:** Bundesrepublik (23. Mai 1949) und DDR (7. Oktober 1949); im Zuge der Westintegration schrittweise Aufnahme der Bundesrepublik in die europäische Gemeinschaft (EGKS/**Montanunion** am 18. April 1951)

Orientierung für eine 6 Punkten entsprechende Lösungsqualität:
Drei Aspekte werden in Grundzügen erläutert und zur Quelle in Beziehung gesetzt. Die Darstellung enthält keine wesentlichen sachlichen Mängel und weist grundlegende historische Kenntnisse nach.

Orientierung für eine 12 Punkten entsprechende Lösungsqualität:
Vier Aspekte werden auf der Grundlage breiter historischer Kenntnisse detailliert erläutert und sachgerecht auf die Aussagen der Quelle bezogen. Die Darstellung enthält keine sachlichen Fehler.

---

2 erläutert die Bildelemente der Karikatur, indem er/sie z. B. auf folgende Aspekte eingeht: 16

alter Mann mit Vollbart

- alter Mann wirkt in seiner Erscheinung und mit Aufschrift auf seinem Ärmel als **personifizierte Geschichte** → Ereignisse, die er thematisiert, gewinnen mit dieser Rolle epochale Bedeutung
- Bezug zum Schild im Hintergrund „EUROPEAN UNION …“ → besondere Bedeutung dieses Ereignisses aus Sicht des Zeichners

Erläuterung des Schildes

- Schild mit der Aufschrift „EUROPEAN UNION – UNDER CONSTRUCTION AT LAST“ weist nicht nur auf den Prozess der **europäischen Einigung** hin, sondern fügt „at last“ (endlich) hinzu, um Dringlichkeit des Prozesses zu unterstreichen
- Sehnsucht nach Einigung wuchs in den ersten vier Jahren nach Kriegsende, da vom Krieg betroffene Staaten **dringend wirtschaftliche Hilfe** benötigten, die zwar vom Marshallplan ab 1947 in Aussicht gestellt wurde, aber aufgrund politischer Diskrepanzen nicht immer effektiv genutzt werden konnte

Pakete und Stahlkonstruktionen im Hintergrund

- **Pakete** deuten darauf hin, dass die „Konstruktion“ der europäischen Einigung auf die **Hilfen des Marshallplans** zurückzuführen ist; die in diesem Rahmen verteilten Warenpakete wiesen ähnliche Dimensionen auf, wie die auf der Zeichnung abgebildeten

- Bedingung der USA für die Hilfszahlungen des ERP: effektive Koordination über ein europäisches Wiederaufbauprogramm; wegen **politischer und wirtschaftlicher Diskrepanzen** der beteiligten Staaten (Beschwerden über die zu enge Koordination der nationalen Programme, Probleme mit dem englischen Pfund usw.) konnte systematische Aufbauhilfe nur zögerlich anlaufen
- **Stahlkonstruktion** der im Bau befindlichen Halle symbolisiert Entstehung der europäischen Gemeinschaft auf Basis der Aufbauhilfe

Josef Stalin

- sowjetischer Staatschef **Stalin** wirkt zufrieden, was sich darauf zurückführen lässt, dass er seine **Souveränität trotz Dominanz der USA im Rahmen des ERP bewahren** und seinen Unmut über die Politik der Westmächte durch den Austritt aus dem Kontrollrat zeigen konnte
- Körperhaltung Stalins deutet Überraschung an, da er die **Konsequenzen seiner Abschottungspolitik** verkennt
- dass er **Kraftprobe der Berlin-Blockade** verlieren würde, war im Winter 1948/49 noch nicht eindeutig voraussehbar
- durch forcierte Abschottung Osteuropas und der Sowjetunion vom liberalen, kapitalistischen Westen wurde **eigene wirtschaftliche und politische Gemeinschaft** gebildet (RGW 1949, Warschauer Pakt 1955), die vom Einfluss Westeuropas unabhängig blieb

Bildunterschrift

- **Bildunterschrift** unterstreicht **Ironie der zwiespältigen Situation Stalins:** alter Mann gratuliert ihm überschwänglich und hebt hervor, dass ohne Stalins „Inspiration" die europäische Einigung nicht in Gang gekommen wäre; eventuell Bezug des Begriffs „Inspiration" auf die kommunistische Weltanschauung, vielleicht aber auch auf die Maßnahmen Stalins in den zurückliegenden Jahren, die das westeuropäische Bündnis unabsichtlich gestärkt haben; auch wenn Stalin durch seine Maßnahmen Stärke und Unabhängigkeit bewiesen hat, ist Entwicklung für ihn dennoch kontraproduktiv, da eine einige europäische Union ein starker Gegner sein kann
- Zugriff auf **Ressourcen des Ruhrgebiets**, **Kontrolle Berlins** ohne Präsenz der Westalliierten, **Ausweitung des sowjetischen Einflussbereichs in Europa** rückt nach Aussage des Zeichners für Stalin nun in weite Ferne

Zusammenfassung

David Low spottet über Stalins Abschottung in den ersten Nachkriegsjahren, die seines Erachtens zu einem Pyrrhussieg geführt hat, da der sowjetische Staatschef damit die europäische Einigung begünstigt und zugleich den eigenen Einflussbereich eingeschränkt hat.

Orientierung für eine 8 Punkten entsprechende Lösungsqualität:
Zentrale Bildelemente werden in ihrer Bedeutung zutreffend erläutert und die Karikatur wird in ihrer Tendenz plausibel gedeutet. Die Darstellung enthält keine wesentlichen sachlichen Mängel.

Orientierung für eine 16 Punkten entsprechende Lösungsqualität:
Die Bildelemente der Karikatur werden in ihrer Bedeutung plausibel und differenziert erläutert und gedeutet. Die Darstellung enthält keine sachlichen Fehler.

3	erfüllt ein weiteres aufgabenbezogenes Kriterium.	(4)	
	Summe zweite Teilaufgabe	**28**	

Teilaufgabe 3

	Der Schüler/die Schülerin	maximal erreichbare Punkte	erreichte Punkte
1	beurteilt die in der Karikatur zum Ausdruck gebrachte Sichtweise. Dabei macht er/sie z. B. Aussagen zu folgenden Aspekten: **zustimmend** • **Marshallplan** führte zur wirtschaftlichen Stärkung und zu einem **europäischen Einigungsprozess** (erst wirtschaftlich, später auch politisch) • tatsächlich besondere **historische Bedeutung des Zeitraums** 1948/49 für Ost-West-Konflikt und europäische Einigung: Entscheidungen der Sechs-Mächte-Konferenz, Währungsreformen, Berlin-Blockade usw. • **Verschärfung des Ost-West-Konflikts** und **Begünstigung der Einigung Westeuropas** durch Stalin: Austritt aus Kontrollrat, Ablehnung der Marshallplan-Hilfe, Berlin-Blockade, Gründung des RGW • Expansion des sowjetischen Einflussbereichs in Osteuropa veranlasste die USA, Maßnahmen zur **Verhinderung einer weiteren Ausbreitung des Kommunismus** zu ergreifen, wozu auch der Marshallplan gehörte **relativierend** • Verfestigung der jeweiligen wirtschaftlichen und politischen Grundsätze spätestens ab 1947 auf beiden Seiten: marktwirtschaftlich orientierter **Demokratieansatz des Westens vs.** planwirtschaftliches **Modell der Sowjetunion** → unüberwindbarer Gegensatz, für den man nicht nur Stalin verantwortlich machen kann • entscheidende Schritte, die zur Verschärfung des Konflikts führten gingen von Westmächten aus (ERP unter der Bedingung einer freien Marktwirtschaft, Entscheidung zur Errichtung eines westdeutschen Teilstaats, Gründung der OEEC, Wirtschaftsreform in westlichen Besatzungszonen) → **Verantwortung der Westmächte** wird in der Karikatur vollständig **ausgeblendet** **zusammenfassendes Urteil, z. B.:** Der Karikaturist schätzt die Bedeutung des Ost-West-Konflikts für das Zusammenrücken der europäischen Staaten ebenso wie die Sorge vor dem sich ausbreitenden Kommunismus als Anlass für das ERP richtig ein. Gleichzeitig ist seine Perspektive zu einseitig, da sie die Verantwortung der Westmächte für die zunehmende Spaltung ausblendet. *Orientierung für eine 14 Punkten entsprechende Lösungsqualität:* Der Schüler/die Schülerin gelangt unter Bezugnahme auf die Karikatur zu einem triftigen Urteil, wobei drei Aspekte berücksichtigt werden. Die Darstellung enthält keine wesentlichen sachlichen Mängel. *Orientierung für eine 28 Punkten entsprechende Lösungsqualität:* Der Schüler/die Schülerin gelangt unter Bezugnahme auf die Karikatur zu einem abwägenden und differenzierten Urteil, wobei vier Aspekte berücksichtigt werden. Die Darstellung enthält keine sachlichen Fehler.	28	
2	erfüllt ein weiteres aufgabenbezogenes Kriterium.	(2)	
	Summe dritte Teilaufgabe	**28**	
	Summe inhaltliche Leistung (Teilaufgabe 1 bis 3)	**80**	

■ **DARSTELLUNGSLEISTUNG von 20 BE (siehe Download)**

Erinnerungspolitik und -kultur zum Holocaust

Name: ______________________ Datum: __________

Aufgabenstellung

Interpretieren Sie die Quelle, indem Sie

1 sie analysieren, 28 BE

2 die Aussagen des Redners im Kontext der Geschichte des Holocaust erläutern und 22 BE

3 zu den Aussagen von Thierse zur Bedeutung des Holocaust-Denkmals für die deutsche Erinnerungskultur Stellung nehmen. 30 BE

M Wolfgang Thierse: Debatte zur Errichtung eines Holocaust-Mahnmals, 25. Juni 1999

Herr Präsident! Meine Damen und Herren! Wir müssen heute über die Frage entscheiden: Wollen wir nach zehnjähriger Debatte ein Denkmal für die ermordeten Juden Europas errichten?

Immer wieder höre ich, alle Argumente seien ausgetauscht. Aber ich höre auch, wir, die Deutschen, und wir, der Deutsche Bundestag, seien gar nicht mehr frei in unserer Entscheidung. Der öffentliche und auch der internationale Erwartungsdruck sei so hoch, daß die Entscheidung letztlich präjudiziert[1] sei. Dennoch sage ich: Dies ist unsere ureigene Entscheidung, die wir aus eigener Verantwortung mit Blick auf unsere Geschichte und die Bedingungen ihres Erinnerns zu treffen haben.

[...] Aber schon das Wie unserer heutigen Entscheidungsfindung – diese Debatte eingeschlossen – und die Würde, mit der wir uns des Themas annehmen, wird Auskunft darüber geben, ob wir Deutsche uns mit Anstand aus diesem schlimmen Jahrhundert verabschieden. Es gibt Stimmen, die gerne einen Schlußstrich unter das düsterste Kapitel der deutschen Vergangenheit ziehen möchten. Ich glaube, dass wir das mit Ernst und Leidenschaft abzulehnen haben. [...]

Es gibt aber auch sehr achtenswerte Argumente auf der Seite derjenigen, die einem solchen Denkmal grundsätzlich skeptisch gegenüberstehen. Immerhin berührt der Holocaust die „Grenze unseres Verstehens", wie es Hanno Loewy[2] treffend ausgedrückt hat. Die mehrfachen Auslobungsverfahren bezeugen ja die Schwierigkeit, einen künstlerischen Ausdruck für das Unfaßbare, für die Monstrosität der nationalsozialistischen Gewaltverbrechen und für den **Genozid** an den europäischen Juden zu finden. Kann deshalb die Antwort heißen, heute auf die Entscheidung zugunsten eines Denkmals zu verzichten? Ich sage ganz entschieden: Nein! [...]

Natürlich stimmt es, wenn Ignatz Bubis[3] sagt, er brauche ein solches Denkmal eigentlich nicht; das wahre Denkmal sei in seinem Herzen. Aber was für den deutschen Juden Ignatz Bubis gilt, das kann und darf für uns, die Nachkommen der Täter, nicht in gleichem Maße gelten; denn nicht für die Juden – ob deutsche oder andere – bauen wir dieses Denkmal, sondern für uns, als unser ureigenes Bekenntnis zu einem politischen Selbstverständnis, „... in das die Tat – das im Nationalsozialismus begangene und geduldete Menschheitsverbrechen – und damit die Erschütterung über das Unsagbare, das den Opfern angetan worden ist, als persistierende[4]

Beunruhigung und Mahnung eingebrannt ist …" wie es Jürgen Habermas[5] ausgedrückt hat. Vor diesem Denkmal dürfen Wegsehen und Gleichgültigkeit keinen Bestand haben.

[…] Liebe Kolleginnen und Kollegen, wir müssen heute entscheiden: Wollen wir dieses Denkmal den ermordeten europäischen Juden oder allen vom Nationalsozialismus verfolgten und ermordeten Opfern widmen? Diese Entscheidung fällt mir nicht leicht. Reinhart Kosellecks[6] eindringlicher Appell, wir dürften uns als Täter nicht anmaßen, eine **Hierarchie der Opfer** festzuschreiben, ist von Gewicht. Schärfer noch fügt er hinzu:

Wer dies tut, bedient sich weiterhin jener Kategorien, mit denen die SS ihre Opfer definiert hat, um sie zu vernichten.

Wenn ich dennoch vehement für die Eingrenzung der Widmung auf die ermordeten europäischen Juden plädiere, dann geschieht das vor dem Hintergrund der Zentralität des organisierten Massenmordes an der jüdischen Bevölkerung für den nationalsozialistischen Rassenwahn. Auschwitz symbolisiert den „Höhepunkt des jahrtausendealten Judenhasses". Vor diesem Hintergrund sollen und müssen wir unsere heutige Entscheidung treffen, die keinerlei Geringschätzung der anderen Opfergruppen – der Sinti und Roma, der politisch Verfolgten, der Homosexuellen und der geistig Behinderten – darstellt. Wir bleiben in der Pflicht, für ein würdiges Gedenken ihrer jeweiligen Schicksale zu sorgen. […]

Liebe Kolleginnen und Kollegen, wir müssen heute entscheiden: Wollen wir es bei einem reinen Denkmal ohne jeden Zusatz belassen oder es durch einen **Ort der Information** ergänzen? Ich gestehe ein, daß meine langgehegten Zweifel gerade damit zu tun hatten, daß ich die Formensprache eines reinen Denkmals für nicht ausreichend hielt, gerade mit Blick auf die nachgeborenen Generationen. Denn Erinnern und Gedenken sind beides sehr komplexe Vorgänge – sie sind aber nicht identisch. Historische Aufklärung kann politisches Bewußtsein schaffen und das Geschehene in Erinnerung bringen. Aber Trauer um die Toten, Empathie mit den Opfern stellt sich dadurch noch nicht von selbst ein. Orte des Gedenkens hingegen zielen auf Empathie. Sie entwickeln, so sie gelungen sind, eine begriffslose Ausdruckskraft, eine geradezu sinnliche Wucht. Auf diese Weise stellt sich Erkenntnis ein – aber nicht durch Lernerfahrung, sondern durch Evokation[7].

Ich frage diejenigen, die das Denkmal in seiner reinen, durch nichts ergänzten Form verwirklichen wollen: Können wir uns für die nachfolgenden Generationen sicher sein hinsichtlich der vorausgesetzten geschichtlichen Erinnerung, die evoziert werden soll und werden kann? Nur das leiseste Nein drängt uns zu einer Antwort, die wenigstens in der allervorsichtigsten Form nach einer Kombination von Erinnern und Gedenken suchen lassen sollte. […]

Das Denkmal, über das wir heute entscheiden, richtet sich an die zukünftigen Generationen mit der Botschaft: Scham ist ein Moment unserer menschlichen Würde. Aus dem politisch-praktischen Gedenken unserer mit unfaßbarem Unrecht verknüpften Geschichte erwächst moralische Gegenwartsverpflichtung und Zukunftsfähigkeit.

Darum geht es.

Wolfgang Thierse: Debatte zur Errichtung eines Holocaust-Mahnmals, http://dipbt.bundestag.de/doc/btp/14/14048.pdf, 25. Juni 1999

Anmerkungen

1 präjudizieren: einer Entscheidung vorgreifen, eine Entscheidung vorwegnehmen
2 Hanno Loewy (*1961): deutscher Literatur- und Medienwissenschaftler
3 Ignatz Bubis (1927–1999): von 1992 bis 1999 Zentralratsvorsitzender der Juden in Deutschland
4 persistierende: andauernde
5 Jürgen Habermas (*1929): deutscher Philosoph und Soziologe
6 Reinhart Koselleck (1923–2006): einer der bekanntesten deutschen Historiker des 20. Jahrhunderts
7 Evokation: Wachrufen, Hervorrufen

ERWARTUNGSHORIZONT

Info Wolfgang Thierses Rede im Rahmen der Debatte zur Errichtung eines Holocaust-Mahnmals zeichnet sich dadurch aus, dass sie ausgesprochen diskursiv angelegt ist. Thierse, der selbst lange Zeit Zweifel an der Errichtung dieses Mahnmals gehegt hat, geht auf eine Reihe von Gegenargumenten ein und entwickelt als Antithese dazu seine eigene Position. Deshalb ist der vorliegende Text besonders geeignet, um die Bedeutung des Mahnmals für die deutsche Erinnerungskultur zu diskutieren.

Unterrichtliche Voraussetzungen:

- Debatten über die gegenwärtige Verantwortung im Umgang mit der Vergangenheit
- verschiedene historische Formen der kollektiven Erinnerung an die NS-Gewaltherrschaft, den Holocaust sowie die Verfolgung und Vernichtung von Minderheiten und Andersdenkenden

INHALTLICHE LEISTUNG

Teilaufgabe 1

	Der Schüler/die Schülerin	maximal erreichbare Punkte	erreichte Punkte
1	benennt als **Autor** den damaligen Bundestagspräsidenten Wolfgang Thierse (SPD) und als **Adressaten** die Abgeordneten des deutschen Bundestags sowie die deutsche Öffentlichkeit.	2	
2	charakterisiert die **Quellenart** als Textquelle und die **Textsorte** als Abschrift einer öffentlichen Rede.	2	
3	nimmt eine kurze **historische Einordnung** vor: Beitrag zur Debatte im Bundestag am 25. Juni 1999 über die Errichtung eines Holocaust-Mahnmals.	2	
4	arbeitet das **Thema** der Rede heraus: Bedeutung des Mahnmals für die kollektive deutsche Erinnerung und das politisch-praktische Gedenken an den Holocaust	2	
5	geht auf die **Intention** des Redners ein: Plädoyer für ein Mahnmal mit einem integrierten Informationszentrum	2	
6	gibt **Inhalt und Gedankengang** der Rede wieder, indem er/sie als zentrale Aussagen Thierses herausarbeitet: **Vorstellung der anstehenden Entscheidung und Betonung von deren Bedeutung** (vgl. Z. 1–16) • Eingeständnis der **Schwierigkeit**, angesichts des enormen (auch internationalen) Drucks, eine Entscheidung zu treffen • Betonung der **Wichtigkeit der Entscheidung für Deutschland:** Entscheidungsfindung und Debatte werden zeigen, ob sich die Deutschen mit Anstand aus dem schlimmen 20. Jahrhundert verabschieden (vgl. Z. 9 ff.) • Entscheidung für das Mahnmal aus eigener Verantwortung, trotz des öffentlichen und **internationalen Erwartungsdrucks** (vgl. Z. 5–8) • **Ablehnung**, einen **Schlussstrich** unter die Geschichte zu ziehen, aber Anerkennung der Argumente derjenigen, die gegen das Mahnmal sind (vgl. Z. 11–16)	18	

Vorstellung der Gegenargumente und Entkräftung (vgl. Z. 16–45)

- **1. Gegenargument** (Hanno Loewy): **Holocaust berühre** die „**Grenze unseres Verstehens**" (Z. 17) → viele Versuche, dem Unfassbaren in einem Denkmal Ausdruck zu verleihen, würden diese These bestätigen; dennoch dürfe man auf das Denkmal nicht verzichten (vgl. Z. 16–21)
- **2. Gegenargument** (Ignatz Bubis): **Juden würden** ein solches **Denkmal nicht benötigen** → Denkmal sei aber weniger für die Nachfahren der Opfer, als für die der Täter bestimmt; es solle ständige „Beunruhigung und Mahnung" (Z. 29) sein und zukünftig „Wegsehen und Gleichgültigkeit" (Z. 30) verhindern (vgl. Z. 22–30)
- **3. Gegenargument** (Reinhart Koselleck): Vorwurf, mit **Denkmal für nur eine Opfergruppe** Opfer zu hierarchisieren, wodurch man sich der Kategorien bedienen würde, mit denen die SS ihre Opfer definiert habe (vgl. Z. 33–37) → Entkräftung (trotz Schwierigkeiten Thierses, hier Entscheidung zu fällen) durch Hinweis auf Zentralität des organisierten Massenmordes an den Juden innerhalb der NS-Ideologie, der den Höhepunkt eines jahrtausendealten Judenhasses darstelle; daneben aber Plädoyer für würdiges Gedenken an andere Opfergruppen (vgl. Z. 38–45)

Überlegungen, ob reines Denkmal ohne Zusatzinformationen ausreicht (vgl. Z. 46–61)

- Einsatz für **Denkmal mit integriertem Informationszentrum** aufgrund der Komplexität von Erinnern und Gedenken → Kombination von beidem durch das Auslösen von Empathie und historische Aufklärung (vgl. Z. 50–56)
- Begründung mit **nachfolgenden Generationen**, für die Denkmal allein keine Aussagekraft mehr besitze (vgl. Z. 58–61)

Fazit (vgl. Z. 62–66)
Botschaft des Denkmals sei Scham als ein Moment der „menschlichen Würde" (Z. 63); aus Gedenken an mit Unrecht verknüpfte Geschichte erwachse eine „moralische Gegenwartsverpflichtung und Zukunftsfähigkeit" (Z. 65)

Orientierung für eine 9 Punkten entsprechende Lösungsqualität:
Die Hauptaussagen der Quelle werden, z. B. auf der Grundlage einer Gliederung nach Sinnabschnitten im textdurchschreitenden Verfahren, zutreffend wiedergegeben.

Orientierung für eine 18 Punkten entsprechende Lösungsqualität:
Die Hauptaussagen der Quelle werden auf der Grundlage einer Gliederung differenziert herausgearbeitet, sodass Inhalt und gedanklicher Aufbau der Quelle präzise erfasst werden.

7	erfüllt ein weiteres aufgabenbezogenes Kriterium.	(2)	
	Summe erste Teilaufgabe	**28**	

Teilaufgabe 2

	Der Schüler/die Schülerin	maximal erreichbare Punkte	erreichte Punkte
1	erläutert die Aussagen Thierses im Kontext der **Geschichte des Holocaust**. Dabei werden z. B. folgende Aspekte thematisiert:	22	

Einordnung des Holocaust in seinen historischen Kontext

- Holocaust als „Höhepunkt des jahrtausendealten Judenhasses" (Z. 41)
- Anspielung auf rassenbiologisch begründeten **Vernichtungskrieg** im Osten sowie auf rassistisch und politisch begründete **Verfolgung und Ermordung anderer Opfergruppen**, z. B. politisch Andersdenkende, Sinti und Roma, Behinderte, Homosexuelle usw. (vgl. Z. 41 ff.)

„traditionelle Judenfeindschaft" als Vorläufer des Holocaust

- Stigmatisierung und Ausgrenzung der Juden in Antike und Mittelalter mit **religiöser Begründung** („Christusmörder")
- Stigmatisierung und Ausgrenzung der Juden in Mittelalter und Neuzeit mit **wirtschaftlichen Begründungen** („Wucherer", „Schacherer")
- Pogrome, z. B. zur Zeit der Kreuzzüge, und Gettoisierung der Juden ab dem 15. Jahrhundert, z. B. Frankfurter Judengasse

Stationen des Holocaust im „Dritten Reich"

- **Grundlage:** rassistischer Antisemitismus der NS-Ideologie
- **Diskriminierung und Entrechtung** (1933–1938):
  - **Boykott** jüdischer Geschäfte (1. April 1933)
  - „Gesetz zur **Wiederherstellung des Berufsbeamtentums**" (7. April 1933)
  - **fehlender Rechtsschutz** für Juden (Juni 1933)
  - „Reichskulturkammergesetz" (22. September 1933)
  - **Nürnberger Gesetze** mit „Reichbürgergesetz" und „Gesetz zum Schutze des deutschen Blutes und der deutschen Ehre" (10. September 1935)
  - zahlreiche weiterführende Maßnahmen und Gesetze zur Verdrängung der Juden aus dem öffentlichen Leben, z. B. **Enteignung** jüdischen Vermögens, generelles Berufsverbot für jüdische Ärzte, **Ausgangsverbote sowie Besuchsverbote** für öffentliche Einrichtungen
- **Ausweitung der Verfolgung** (1938–1941):
  - Terror gegen entrechtete Juden in der **Reichspogromnacht** mit Zerstörungen jüdischer Einrichtungen, Misshandlungen, Verhaftungen und Ermordungen (9. November 1938)
  - Schließung sämtlicher jüdischer Geschäfte und „**Arisierung**" jüdischen Besitzes
  - ab 1939: Beginn der Deportationen in Gettos und Lager in Polen; **Pogrome und Massaker** in Polen
  - ab September 1941: Zwang zum Tragen des „**Judensterns**"
  - ab Oktober 1941: systematische **Massendeportationen** in den Osten
  - ab November 1941: **Auswanderungsverbot** für Juden
- **systematische Vernichtung** (1942–1945):
  - 20. Januar 1942: **Wannsee-Konferenz** zur Koordination der „Endlösung der Judenfrage" → Beginn der Massenvergasungen in den **Vernichtungslagern**
  - April 1943: brutale Niederschlagung des **Aufstands im Warschauer Getto**
  - ab 1944: „**Todesmärsche**" wegen Räumung der Lager im Osten
  - 27. Januar 1945: **Befreiung des KZs Auschwitz** durch sowjetische Truppen als Ende des industriell betriebenen Massenmords an ca. 6 Millionen Juden
- Holocaust als „**Menschheitsverbrechen**" (Z. 27): systematische staatliche Planung und Durchführung des Völkermords

	Orientierung für eine 11 Punkten entsprechende Lösungsqualität: Der Schüler/die Schülerin erläutert einige zentrale Sachverhalte mit den zugehörigen Fakten im Zusammenhang und weist dabei grundlegende historische Kenntnisse nach. *Orientierung für eine 22 Punkten entsprechende Lösungsqualität:* Der Schüler/die Schülerin erläutert die zentralen Sachverhalte mit den zugehörigen Fakten differenziert und weist vertiefte historische Kenntnisse nach.		
2	erfüllt ein weiteres aufgabenbezogenes Kriterium.	(4)	
	Summe zweite Teilaufgabe	**22**	

Teilaufgabe 3

	Der Schüler/die Schülerin	maximal erreichbare Punkte	erreichte Punkte
1	nimmt Stellung zu den Aussagen von Thierse zur Bedeutung des Holocaust-Denkmals für die deutsche Erinnerungskultur unter Offenlegung und Begründung der eigenen Wertmaßstäbe. Dabei finden z. B. die folgenden Aspekte Erwähnung: **zustimmend** • Mahnmal als **politisches Selbstverständnis**, vor allem als Erinnerung an nicht fassbare Verbrechen während der Zeit des Nationalsozialismus (vgl. Z. 26–30, 63–66) • Mahnmal **gegen Rassismus**, Ausgrenzung und Fremdenhass • Erinnerung an **singulären Charakter** des staatlich geplanten und durchgeführten Völkermords an europäischen Juden • Mahnmal **hält Erinnerung wach**, auch wenn es einmal keine Zeitzeugen mehr gibt • Versteinerung der Erinnerung ist **präsenter** als ein Feiertag • Mahnmal in der Mitte Berlins hält **Erinnerung** an Holocaust **im öffentlichen Bewusstsein** • Mahnmal ist kein Schuldbekenntnis, sondern dient der Übernahme von **Verantwortung für die Zukunft** • Mahnmal gegen Wegsehen und Gleichgültigkeit, also **Aufruf zu Zivilcourage** (vgl. Z. 30) **relativierend** • Formensprache des Mahnmals löst keine Betroffenheit oder Empathie aus → ohne Kontextualisierung wird **Mahnmal nicht verstanden** • Gefahr der **Fehlnutzung** des Mahnmals, z. B. für Hochzeitsfotos etc. • Mahnmal ist eher rückwärtsgewandt • Mahnmal als Element einer erinnerungskulturellen Praxis, die **schal und inhaltsleer** geworden ist (Welzer) • Mahnmal als Element einer **überladenen Erinnerung** an die nationalsozialistischen Verbrechen, die Jugendliche nicht erreicht oder sogar abschreckt • **Omnipräsenz** der Erinnerung im öffentlichen Raum	30	

	Orientierung für eine 15 Punkten entsprechende Lösungsqualität: Der Schüler/die Schülerin gelangt zu einer abwägenden Stellungnahme, die drei Aspekte heranzieht und nachvollziehbar begründet. *Orientierung für eine 30 Punkten entsprechende Lösungsqualität:* Der Schüler/die Schülerin gelangt zu einer vertieften Stellungnahme, die mindestens fünf Aspekte kenntnisreich und differenziert darlegt und begründet.		
2	erfüllt ein weiteres aufgabenbezogenes Kriterium.	(2)	
	Summe dritte Teilaufgabe	**30**	
	Summe inhaltliche Leistung (Teilaufgabe 1 bis 3)	**80**	

■ **DARSTELLUNGSLEISTUNG von 20 BE (siehe Download)**

Die Bedeutung der Wiedervereinigung für die deutsche Identität

Name: ______________________________ Datum: ____________

Aufgabenstellung

1 Analysieren Sie den vorliegenden Text. 28 BE

2 Erläutern Sie die im Text angesprochenen historischen Zusammenhänge. 26 BE

3 Nehmen Sie zur Kernaussage des Autors Stellung. Berücksichtigen Sie dabei auch andere mögliche Termine für einen Nationalfeiertag, z. B. den 9. November. 26 BE

M Heribert Prantl: Der ostdeutsche Sturm auf die Bastille, 3. Oktober 2014

„Wir sind das Volk" – mit diesem Ruf beginnt im Jahr 1989 der wundersam wunderbare Beitrag der Ostdeutschen zur Weltfreiheitsgeschichte. […] Der Stolz darauf ist ein ganz anderer Stolz, als der, der sich sonst durch die deutsche Geschichte zieht: nicht auf militärische Siege, nicht auf Eroberungen, nicht auf königliche, kaiserliche oder feldherrliche Großtage – es ist vielmehr der Stolz auf den Mut der normalen, kleinen Leute in Ostdeutschland, die ihre Angst vor der Macht und dem Regime verloren – und damit dessen Machthaber so beeindruckten, so verwirrten und schockierten, dass die den Plan aufgaben, ihre Soldaten einzusetzen noch einmal, wie am 17. Juni 1953 […]. Eine Diktatur hat friedlich die Löffel und die Macht abgegeben.

Es war nicht das „Rad der Geschichte" (Helmut Kohl), das sich auf einmal gedreht hat, es waren die Menschen, die sich etwas getraut haben. Der bis dahin gebückte Souverän meldete sich zu Wort und Tat, er trat an gegen die Anmaßung der SED-Herrschaft, die meinte, sie hätte den Willen des Volkes in sich aufgesogen. Der Freiheitswille hat den Einheitswillen ermöglicht.

Am 3. Oktober hält Deutschland inne und feiert die wiedergewonnene deutsche Einheit. Über dieses Datum für den Nationalfeiertag ist viel diskutiert und gegrummelt worden, weil es ein technisches, kein wirklich emotionales Datum ist. Der 3. Oktober 1990 war ein Tag des juristischen Vollzugs des schon Beschlossenen, an diesem Tag wurde der von der DDR-Volkskammer goutierte Beitritt der DDR zum Grundgesetz wirksam.

Vor dem Reichstag wurde also um Mitternacht die Bundesflagge gehisst, die Nationalhymne gespielt, ein Feuerwerk abgeschossen; und in der Philharmonie wurden in einem Staatsakt Reden gehalten […]. Der 3. Oktober 1990 war ein Tag der Ernte dessen, was die Menschen im Oktober 1989 gesät hatten. […]

Am 3. Oktober feiern „wir" den 9. Oktober. Denn der 3. Oktober […] hat seine Wurzeln, seinen Urgrund am 9. Oktober 1989 – in der großen Montagsdemonstration von Leipzig. 70 000 Menschen gingen damals auf die Straße; mit ein paar tausend hatten die SED-Funktionäre gerechnet. Es waren Siebzigtausend, so erinnert sich der Bürgerrechtler Friedrich Schorlemmer, die nicht wussten, dass sie siebzigtausend werden – sonst wären es dreihunderttausend geworden. […]

Es war ihr Mut, mit dem alles begonnen hat. Jeder Teilnehmer musste damit rechnen, angeschossen zu werden und am Abend im Gefängnis zu sitzen.

Noch im Juni 1989 hatte der DDR-Staatsratsvorsitzende Erich Honecker die Volkskammer gezwungen, der chinesischen Parteiführung zu applaudieren, weil sie ihre Opposition auf dem „Platz des himmlischen Friedens" blutig unterdrückt hatte. Der friedlichen Demonstration vom 9. Oktober, folgten weitere, noch viel größere, [...] an 200 Orten. So gewann die Destabilisierung des Regimes rasend schnell an Dynamik.

Das alles bewirkten nicht die Westdeutschen, das war noch nicht der Erfolg von Helmut Kohl. Die Westdeutschen haben das alles nicht so intensiv wahrgenommen, weil sie nicht dabei waren, weil die Bilder von den Montagsdemonstrationen im Westen noch nicht so mächtig waren wie die vom Mauerfall.

Der 9. Oktober, [...] der Sturm auf die deutsche Bastille, [...] war eine ureigene ostdeutsche Angelegenheit, nicht gelenkt, nicht geleitet, nicht beeinflusst aus dem Westen.

Diese Lenkung und Leitung kamen erst später, als die Einheit so organisiert wurde, wie sie organisiert wurde – mittels Beitritt. Dafür steht der 3. Oktober. Er ist gewissermaßen auch die Aneignung der friedlichen Revolution durch die westdeutsche Elite. Aber der Kern dieses 3. Oktober 1990 bleibt der 9. Oktober 1989: [...] Es ist der Tag des deutschen Wunders. [...]

Das Einmalige an der Revolution von 1989 war dies: Die einen haben niemanden aufgehängt, die anderen haben nicht geschossen. Und Egon Krenz, der Nachfolger von Honecker, erfüllte nicht die in ihn gesetzten Befürchtungen. Auch das gilt es am Einheitstag zu würdigen. Man darf in die Feiern auch die einbeziehen, die, aus welchen Gründen auch immer, nicht geschossen haben.

Es ist zu oft geschossen worden in Deutschland. Freuen wir uns darüber, dass es einmal, an einem Wendetag der deutschen Geschichte, nicht geschah.

Heribert Prantl: Der ostdeutsche Stum auf die Bastille, 3. Oktober 2014, http://www.sueddeutsche.de/politik/tag-der-deutschen-einheit-der-ostdeutsche-sturm-auf-die-bastille-1.2156692

ERWARTUNGSHORIZONT

Info

Das Datum des deutschen Nationalfeiertags wurde in der deutschen Öffentlichkeit nach 1990 häufiger diskutiert. Unter anderem der frühere Außenminister Joschka Fischer schlug den 9. November als Alternative vor, weil dieses Datum der Amibivalenz der deutschen Geschichte Rechnung trage. Heribert Prantl geht in seinem Leitartikel von 2014 einen anderen Weg: Er plädiert dafür, dass wir am 3. Oktober eigentlich den „Tag der Entscheidung", den 9. Oktober 1989, feiern würden, auch wenn dieser Tag nicht der offizielle Feiertag sei. Der Text eignet sich also sehr gut, die Schüler zu einer eigenen Stellungnahme aufzufordern sowie die Ereignisse, die zum 3. Oktober 1990 geführt haben, zu rekapitulieren.

Unterrichtliche Voraussetzungen:

- Ereignisse des Jahres 1989: Entwicklung vom Umsturz in der DDR bis zur deutschen Einheit im Kontext nationaler und internationaler Bedingungsfaktoren
- Bedeutung der Veränderung von 1989/90 für die eigene Gegenwart
- langfristige Bedeutung von Zweistaatlichkeit und Vereinigungsprozess für das nationale Selbstverständnis der Bundesrepublik Deutschland

■ INHALTLICHE LEISTUNG

Teilaufgabe 1

	Der Schüler/die Schülerin	maximal erreichbare Punkte	erreichte Punkte
1	benennt als **Autor** den Journalisten Heribert Prantl von der Tageszeitung „Süddeutsche Zeitung", als **Erscheinungsdatum** den 3. Oktober 2014 und als **Adressaten** die Leserschaft dieser Zeitung.	2	
2	charakterisiert den **Text** als Darstellung und die **Textsorte** als Kommentar.	2	
3	nimmt eine kurze **historische Einordnung** vor: Montagsdemonstrationen in der DDR führen zur Maueröffnung am 9. November 1989, was wiederum die Wiedervereinigung am 3. Oktober 1990 zur Folge hat	2	
4	arbeitet das **Thema** des Kommentars heraus: Bedeutung des Tags der deutschen Einheit als Nationalfeiertag	2	
5	geht auf die **Intention** des Kommentators ein, der ins Bewusstsein rufen will, dass am 3. Oktober weniger der formale Akt der Wiedervereinigung gefeiert werde als vielmehr die „friedliche Revolution" der Ostdeutschen, die diese Entwicklung erst ermöglicht habe und die in der Leipziger Montagsdemonstration am 9. Oktober 1989 ihren ersten Höhepunkt gefunden habe.	4	
6	gibt **Inhalt und Gedankengang** des Kommentars wieder, indem er als zentrale Aussagen Prantls herausarbeitet: **Diskussionen über deutschen Nationalfeiertag** • 3. Oktober 1990, auf den sich der deutsche Nationalfeiertag bezieht, sei **Tag des juristischen Vollzugs der deutschen Einheit** gewesen; DDR sei an diesem Tag formal nach dem Grundgesetz der Bundesrepublik	16	

beigetreten (vgl. Z. 16 ff.) → Gegen die Wahl dieses Datums als Nationalfeiertag habe es Einwände gegeben, weil es ein rein technisches Datum und kein emotionales Datum sei (vgl. Z. 15 f.).

- laut Prantl feiert man am 3. Oktober eigentlich den Erfolg des 9. Oktober 1989, der mit der **Massendemonstration in Leipzig** den Grundstein für alle weiteren Entwicklungen gelegt habe (vgl. Z. 21–24)
- 9. Oktober stehe für **Freiheitsgeschichte der Ostdeutschen**, die mit dem Ruf „Wir sind das Volk" verbunden sei (vgl. Z. 1 f.) → Stolz auf den **Mut** der „kleinen Leute", die ihre Angst vor dem Regime der DDR verloren, ihre unterwürfige Haltung aufgegeben und sich aktiv für die Freiheit eingesetzt hätten (vgl. Z. 5 f., 9–12), obwohl sie Sanktionen des Regimes zu befürchten gehabt hätten (vgl. Z. 29 f.), da Honecker die Volkskammer noch im Juni 1989 dazu gezwungen hätte, die gewaltsame Niederschlagung der Demonstrationen auf dem „Platz des himmlischen Friedens" zu begrüßen (vgl. Z. 31 ff.)

Auswirkungen des Mutes der Demonstranten

- Überraschung der Machthaber, die den Plan, Soldaten einzusetzen, fallengelassen hätten (vgl. Z. 6 ff.)
- **friedliche Revolution**, bei der weder die Aufständischen noch die Machthaber zur Gewalt gegriffen hätten (vgl. Z. 46 f.) → Betonung der Einmaligkeit dieses Ereignisses

ostdeutscher Charakter des 9. Oktober 1989

- Bezeichnung als „Sturm auf die deutsche Bastille", der genuin **ostdeutsche Angelegenheit** gewesen sei, auf die der Westen keinerlei Einfluss gehabt habe (vgl. Z. 40 f.)
- keine intensive Medienpräsenz der Montagsdemonstrationen im Westen im Vergleich zum Mauerfall (vgl. Z. 37 ff.)
- 3. Oktober 1990 als Tag der **Aneignung der Ereignisse** durch westdeutsche Elite (vgl. Z. 43 f.)

Orientierung für eine 8 Punkten entsprechende Lösungsqualität:
Die Hauptaussagen der Quelle werden, z. B. auf der Grundlage einer Gliederung nach Sinnabschnitten im textdurchschreitenden Verfahren, zutreffend wiedergegeben.

Orientierung für eine 16 Punkten entsprechende Lösungsqualität:
Die Hauptaussagen der Quelle werden auf der Grundlage einer Gliederung differenziert herausgearbeitet, sodass Inhalt und gedanklicher Aufbau der Quelle präzise erfasst werden.

7	erfüllt ein weiteres aufgabenbezogenes Kriterium.	(2)	
	Summe erste Teilaufgabe	**28**	

Teilaufgabe 2

	Der Schüler/die Schülerin	maximal erreichbare Punkte	erreichte Punkte
1	erläutert die im Text angesprochenen historischen Zusammenhänge. Dabei werden z. B. die folgenden Aspekte ausgeführt:	26	

Demonstrationen der chinesischen Opposition auf dem „Platz des himmlischen Friedens" (vgl. Z. 31 ff.)

- **gewaltsame Auflösung** der studentischen Demonstrationen in Peking auf dem „Platz des himmlischen Friedens" („Tian'anmen-Massaker") am 3./4. Juni 1989
- **Zustimmung der DDR-Volkskammer** zum Vorgehen der chinesischen Führung (im Gegensatz zur Haltung von Gorbatschow)
- **Befürchtung**, dass die DDR-Führung auf Proteste am 9. Oktober 1989 in Leipzig wie die chinesische Führung reagieren könnte

9. Oktober 1989 und die Montagsdemonstrationen (vgl. Z. 23–28)

- **Oppositionsbewegung** in der DDR mit regelmäßigen Demonstrationen ab dem 4. September 1989, vor allem in Leipzig, mit Ursprung in der kirchlichen Opposition
- **Höhepunkt** der Demonstrationen am 9. Oktober 1989: gilt als „Tag der Entscheidung", 70 000 Teilnehmer, Gefahr der gewaltsamen Auflösung
- **friedlicher Verlauf**, trotz kritischer Haltung der DDR-Führung, daher der Begriff „friedliche Revolution"
- Motto **„Wir sind das Volk"** als Zeichen des Aufbegehrens gegen die DDR-Führung → weitere Massendemonstrationen in der Folge
- **Der Sturm auf die (deutsche) Bastille:** Vergleich der Ereignisse mit Sturm auf die Bastille am 14. Juli 1789 in Paris als Schlüsseldatum der (gewaltsamen) Französischen Revolution (heute Nationalfeiertag in Frankreich)

Aneignung der friedlichen Revolution durch die westdeutsche Elite (vgl. Z. 43 f.)

- **Forderungen** der DDR-Opposition **nach Demokratisierung** der DDR, nicht nach Wiedervereinigung (Parole: „Wir sind das Volk")
- nach der **Maueröffnung** Übernahme der Handlungsinitiative durch die Regierung der Bundesrepublik → **„Wir sind ein Volk"**-Rufe bei Demonstrationen
- Marginalisierung der DDR-Opposition

3. Oktober 1990: Tag des juristischen Vollzugs der **Wiedervereinigung** knapp ein Jahr nach dem Fall der Mauer am 9. November 1989 (vgl. Z. 16 ff.); wichtige Schlüsselereignisse auf dem Weg zum 3. Oktober, z. B.:

- **Zehn-Punkte-Plan** von Helmut Kohl zur langfristigen Realisierung einer deutschen Wiedervereinigung, aber Niederlegung der bereits überholten Pläne unter dem Druck der Bevölkerung
- Diskussion von Reformen innerhalb der DDR („**Runder Tisch**") → zu wenig konkret, um Übersiedlungswelle in den Westen noch aufzuhalten
- ab Februar 1990: „Zwei-plus-Vier"-Gespräche (Abschluss mit Unterzeichnung des **„Zwei-plus-Vier"-Vertrags** am 12. September 1990)
- vorgezogene **Wahlen** zur DDR-Volkskammer mit Sieg der „Allianz für Deutschland" am 18. März 1990
- **Staatsvertrag** vom 18. Mai 1990: Einführung der Wirtschafts-, Währungs- und Sozialunion

Orientierung für eine 13 Punkten entsprechende Lösungsqualität:
Der Schüler/die Schülerin erläutert einige zentrale Sachverhalte mit den zugehörigen Fakten im Zusammenhang und weist dabei grundlegende historische Kenntnisse nach.

	Orientierung für eine 26 Punkten entsprechende Lösungsqualität: Der Schüler/die Schülerin erläutert die zentralen Sachverhalte mit den zugehörigen Fakten differenziert und weist vertiefte historische Kenntnisse nach.		
2	erfüllt ein weiteres aufgabenbezogenes Kriterium.	(4)	
	Summe zweite Teilaufgabe	**26**	

Teilaufgabe 3

	Der Schüler/die Schülerin	maximal erreichbare Punkte	erreichte Punkte
1	nimmt zur Kernaussage des Autors Stellung und berücksichtigt dabei auch andere mögliche Termine für einen Nationalfeiertag. Es finden z. B. folgende Aspekte Erwähnung: **Erläuterung der Kernaussage:** Am 3. Oktober werde eigentlich der 9. Oktober 1989 gefeiert, womit der „Mut der kleinen Leute", die eine Diktatur zu Fall gebracht hätten, gewürdigt werde, was Prantl gutheißt, sodass er implizit den 9. Oktober als Feiertagsalternative vorschlägt. **Zustimmung** • teilweise Übernahme der **Argumente Prantls:** – historische Einzigartigkeit der „friedlichen Revolution" (vgl. Z. 46 f.) – Feier des Erfolgs des 9. Oktober 1989 (vgl. Z. 21 f.) – 9. Oktober als Chiffre für ostdeutsche Freiheitsgeschichte und als deutscher „Sturm auf die Bastille" (vgl. Z. 1 f., 40 f.) – 9. Oktober 1989 als Voraussetzung für 3. Oktober 1990 (vgl. Z. 23 f.) – 3. Oktober als ein rein technisches Datum, das nichts mehr mit der Opposition in der DDR zu tun hat (vgl. Z. 15 ff.) • Feiertag auch als **Kontrapunkt zum** (notwendigen) **Gedenken an** die **düsteren Kapitel** der deutschen Geschichte • **Identitätsstiftung** durch das Erinnern an die Freiheitsgeschichte und den Mut der „kleinen Leute" • Gelegenheit, mit dem 9. Oktober auch demokratisches Engagement und damit **Werte der Demokratie** zu feiern **Relativierung** • **Forderungen** der „friedlichen Revolution" nach Reformen innerhalb der DDR wurden **nicht konkret umgesetzt**, daher kann der 3. Oktober auch nicht an den 9. Oktober 1989 erinnern • Notwendigkeit eines **Eingreifens des Westens** und der Ereignisse auf politischer Ebene, um Wiedervereinigung herbeizuführen • Wurzeln des 3. Oktober 1990 liegen im 9. Oktober 1989, aber **Wiedervereinigung**, die gefeiert werden soll, fand erst am 3. Oktober statt • **fehlende Identifikation** der westdeutschen Bevölkerung mit dem 9. Oktober, der „ureigene ostdeutsche Angelegenheit" (Z. 40 f.) sei → anderer Feiertag (3. Oktober) passt besser, da er alle einbezieht • **9. November als Alternative** (wie von einigen Politikern seit 1990 gefordert): Datum bezieht sich dann nicht nur auf die Maueröffnung, sondern auf weitere Schlüsselereignisse der deutschen Geschichte (9. November 1918/9. November 1923/9. November 1938) → Feiertag als Gedenktag, der die Ambivalenz der deutschen Geschichte reflektiert	26	

	Orientierung für eine 13 Punkten entsprechende Lösungsqualität: Der Schüler/die Schülerin gelangt zu einer abwägenden Stellungnahme, die zwei Aspekte heranzieht und nachvollziehbar begründet. *Orientierung für eine 26 Punkten entsprechende Lösungsqualität:* Der Schüler/die Schülerin gelangt zu einer vertieften Stellungnahme, die mindestens drei Aspekte kenntnisreich und differenziert ausführt und begründet.		
2	erfüllt ein weiteres aufgabenbezogenes Kriterium.	(2)	
	Summe dritte Teilaufgabe	**26**	
	Summe inhaltliche Leistung (Teilaufgabe 1 bis 3)	**80**	

■ **DARSTELLUNGSLEISTUNG von 20 BE (siehe Download)**